算数から数学の世界へ

小学校6年の飛躍

椎名美穂子【授業者】
川嶋 環【コメント】

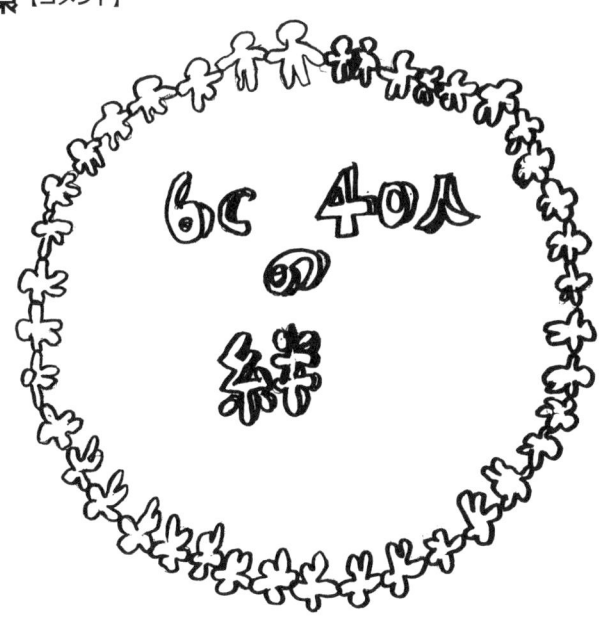

一莖書房

はじめに

　春のはじめに、信じられないようなありがたい話がありました。
　川嶋環先生が、私の分数の授業について教えてくださるというのです。しかし、秋田と東京の遠距離。1時間毎の授業記録を、ファックスで何度もやりとりをしました。それでも理解できない時は、電話で1時間も教えていただいたこともありました。
　この半年の間、川嶋先生はまるで、6年C組の学級を自分の学級のように思い、子どもたちと私がいつも前を向いて進んでいけるように授業を考えてくださいました。
　私は教壇に立ってからずっと、算数における「意味の追求」にこだわってきました。しかし、「意味を考えさせることは子どもを混乱させ、時間の無駄になるのではないか」と言われていて、迷ったり不安になったりしていました。そして、自分の授業のどこが、子どもの学びの質を高められないでいるのかわからないままでした。また、意味についてこだわりながらも、分数のわり算は特にむずかしく、5年生を受け持った時はいつも悩んでいました。
　今回、川嶋先生のお陰で、分数の学習をとおして、「意味の追求」の価値を確信できたと同時に、今まで考えつかなかった新しい手立てを学ぶことができ、とてもうれしく思っています。
　ふり返ってみると、うれしい気持ちは数々の失敗のあとに生まれていました。この授業記録は成功記録ではありません。私も子どもたちと同じように、何度も転び、行き詰まり、その度に川嶋先生から優しく手をさしのべてもらいました。そして、「そう、それでいいのよ。でもこの

授業の失敗はね……」というように明確に教えていただきました。凛とした川嶋先生のお声に身がひきしまり、挑戦できる喜びをもちながら、次の授業に向かいました。

　算数の授業になると、更に輝きが増した元気な6年C組の子どもたち。授業で活躍した子どもたちは、本書のカットにも挑戦して、本の完成に協力してくれました。そしていつも私に力を与えてくれました。

　最後に、算数の新しい目をもたせてくださった川嶋環先生、編集の細部にわたり心遣いをしてくださった斎藤草子さんに深く感謝いたします。本当にありがとうございました。

　　シクラメンの花咲く——平成18年12月吉日
　　　　　　　　　　　　　　　　　　　　　　椎名美穂子

目　次

はじめに　1

第1章　分数の大小・倍分・約分・通分 ……… 5

（第1・2時）同分母分数の大小　6
（第3時）同分子異分母分数の大小　10
（第4時）異分子異分母分数の大小　13
（第5時）倍数　19
（第6時）等しい分数づくり（倍分）　34
（第7時）分数の仲間づくりをしよう（約分）　38
（第8時）再び約分　42
（第9時）通分について　48

第2章　分数のたし算 ……… 49

（第1・2時）異分母分数のたし算　50
（第3・4時）異分母分数のたし算　58
（第5時）3口の異分母分数の加減計算　67

第3章　分数のかけ算 ……… 83

（第1時）分数のかけ算（分数×整数）　86

（第2時）整数×分数　　95

　（第3時）分数×分数　　107

　（第4時）分数×分数　　111

　（第5時）分数×分数×分数　　124

第4章 ｜ 分数のわり算 ……………………………………… 129

　（第1時）分数のわり算　　130

　（第2時）分数のわり算　　142

　（第3時）分数のわり算（整数÷分数）　　159

　（第4時）分数のわり算（整数÷分数）　　173

　（第5時）分数÷分数（単位分数÷単位分数）　　182

　（第6時）分数のわり算（分数÷分数）　　190

　　おわりに　　200

第1章

分数の
大小・倍分
約分・通分

（第1・2時）同分母分数の大小

私はまず黒板に次のように書き赤で囲みました。

> 分数の大きさ比べをしよう

5年生で同分母分数の大きさ比べをしています。その復習をしながら、子どもたちの分数に対する力はどれくらいあるのかを知りたいと思い、「$\frac{4}{6}$と$\frac{5}{6}$ではどちらが大きいでしょう」と問いました。一人の子どもが手を挙げ、

「分母の数が同じ場合、分子で比べるといいと思います」
と発言しました。子どもたちは、その発言をノートに一生懸命とりはじめました。私はその姿に何か違うものを感じました。ノートをとることで、考えることから逃げているように見えたのです。そこで、

「ノートをとる時間は別にあげるから、今はノートに書かないように」
と話しました。そして、こう付け加えました。

「数の世界を今まで学んできたよね。整数が分数に変わったり、小数が分数に変わったり。それに算数の世界は式と答えだけではなく、他にも解くための手段があったでしょう」

こう話してもまだ、ぼんやりと考えている子どもが多くいた中で、ある子どもが、思い切ったように発言しました。

「分母と分子を掛けた積でも比べられないかな」
みんながはっとした表情をしました。そこですぐに私が、
「$\frac{1}{100}$と$\frac{1}{2}$だとどうかな？」

第1章　分数の大小・倍分・約分・通分

と問い返してしまいました。1 × 100 = 100　1 × 2 = 2　この結果からだと$\frac{1}{100}$の方が大きいということになってしまいます。つまり、必ずしも全ての場合にあてはまるものではないということを確認しました。

　子どもたちから出てきたのはこの考えも含めて全部で5つ。

　子どもが発言できるまで待ったり、図を書いて確かめることを教えたりするうちに、5年生の復習とも言えるこの問題に、1時間たっぷりかかってしまいました。

〈子どもから出てきた考え〉

❶　分母の数が同じ場合、分子で比べる

❷　分母×分子の積を比べる（かけ算）
　$\frac{4}{6}$ → 4 × 6 = 24
　$\frac{5}{6}$ → 5 × 6 = 30
　※この場合には成立するが、$\frac{1}{100}$と$\frac{1}{2}$の場合を例にすると成立しないことを教師が確かめた。

❸　図を書いて大きさを比べる
　　ピザの図

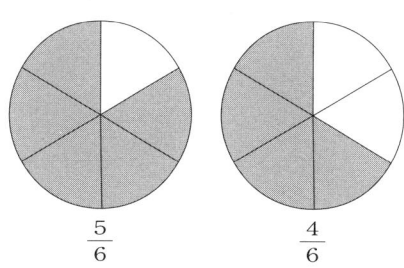

　　　$\frac{5}{6}$　　　　　　$\frac{4}{6}$

—7—

第1章　分数の大小・倍分・約分・通分

※1枚を6等分したこと、ピザのように切り離して数えることができる量を分離量という2つのことを教師が確かめた。

❹分数を小数に直してながら比べる（わり算）
$\frac{4}{6} = 0.6666\cdots\cdots$
$\frac{5}{6} = 0.8333\cdots\cdots$

❺　1に近い方を考えて比べる
$\frac{5}{6}$の方が$\frac{6}{6}$に近い。
※教師が数直線で確かめることもできることを教えた。

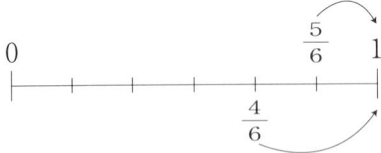

1時間で解決する予定でしたが、ここで2時間かかってしまいました。

〈川嶋コメント〉

分数の大きさを比較する場合、1の大きさを同じにすることをおさえてください。例えば、$\frac{1}{2}$と$\frac{1}{3}$を比べる場合でも、

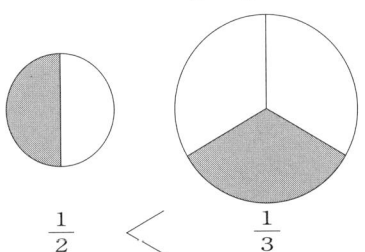

—8—

第1章　分数の大小・倍分・約分・通分

　このように、基になる1の大きさが違った場合は比較できません。
　そのために「1ℓ」とか「1m」とかを使うのです。「1びん」では、びんの大きさで違ってきます。比較できません。私は小学校の頃、これでずいぶん悩みました。1が意識できるようになったのは、教師になってからです。

（第3時）同分子異分母分数の大小

　今度は、同分子で異分母の問題を提示しました。
「$\frac{1}{5}$と$\frac{1}{6}$を比べてみよう」
と黒板に書いて、
「分母が違うから前時（$\frac{4}{6}$、$\frac{5}{6}$）のように、分子同士では比べられないよね」
と言いました。そのあと、すぐに、
「分子が同じ時は、分母が小さい方が大きい」
と子どもが発言しました。言葉のややこしさに頭が回転できずにいる子どもの表情を見つけました。この時、前時の「❹分数を小数に直して比べる」という考えを生かそうとする子どもが出てきました。
　※❶〜❺の番号は第1・2時の授業で出たやり方に対応させたものです。

❹　分数を小数に直して比べる
$\frac{1}{5}$ = 0.2
$\frac{1}{6}$ = 0.166……

❸'　リットルますを書いて考える
「切り離せなかったり、分けたりできない量を連続量と言うんだよ。水で考えると、どうかな」
と子どもたちに投げかけました。

第1章　分数の大小・倍分・約分・通分

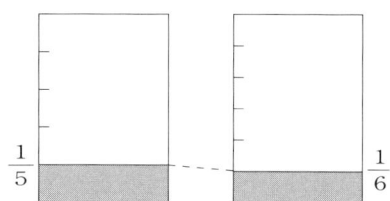

そして「これもやはり、1ℓとか1びんとか、1を基にしているんだよね」ということも確かめました。

❸　ピザの図

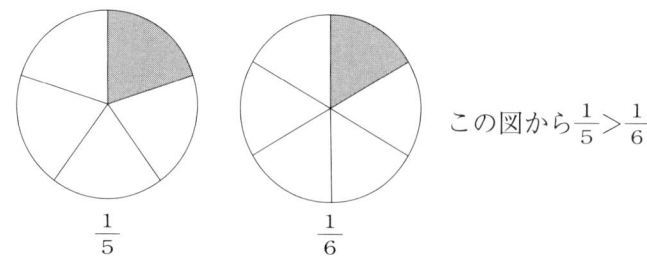

この図から$\frac{1}{5} > \frac{1}{6}$

❺　数直線の図

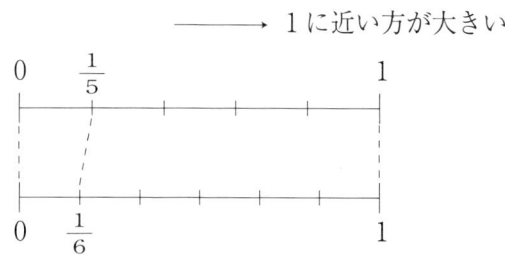

第1章　分数の大小・倍分・約分・通分

〈川嶋コメント〉

　数直線の点線が大切です。基になる1の大きさが同じということを表すからです。

（第4時）異分子異分母分数の大小

いよいよ異分子・異分母の問題です。
「$\frac{1}{3}$と$\frac{3}{5}$を比べましょう」と黒板に書きました。そして、
「分母分子も違うので、第1問・第2問のようにはいかないね」
と前時の授業の違いを話しました。
「第1問でも、第2問でも、第3問でも使える考え方は、❶、❷、❸、❸'、❹、❺のどれだろうね。または、それ以外の考え方はあるかな」
子どもたちは❶と❷以外を上げ、さらにその他に❻、❼、❽を見つけました。
※番号は第1、2時の授業で出た❶～❺のやり方に対応させたものです。

❸　分離量の図で比べる

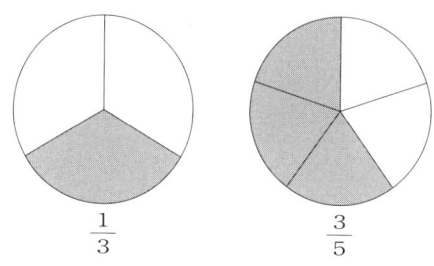

❸'　連続量で比べる

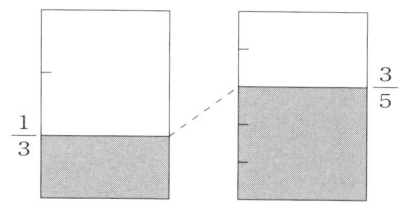

第1章　分数の大小・倍分・約分・通分

❹　小数に直して比べる
$\frac{1}{3} = 1 \div 3 = 0.333\cdots\cdots$
$\frac{3}{5} = 3 \div 5 = 0.6$

❺　数直線図で、どちらが1に近いかで比べる

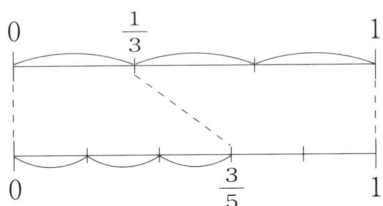

❺'　1を基にしてひき算して比べる
$\frac{1}{3}$の場合　　$\frac{3}{3} - \frac{1}{3} = \frac{2}{3}$
$\frac{3}{5}$の場合　　$\frac{5}{5} - \frac{3}{5} = \frac{2}{5}$

分子が同じになるので、第2問の考え方を使えば、$\frac{2}{5}$が小さいということになります。したがって1に近いのは、$\frac{3}{5}$です。子どもは「かけ算、わり算、ひき算を使って、分数の大小の比較ができるんだ」と喜んでいました。

❻　3と5の倍数を調べる
3、6、9、12、15、18、21　（3の倍数）　　$\frac{1 \times 5}{3 \times 5} \to \frac{5}{15}$
5、10、15、20　　　　　　（5の倍数）　　$\frac{3 \times 3}{5 \times 3} \to \frac{9}{15}$

「分子や分母を倍にしたら数が大きくなるでしょう？　だから量も多くなってしまうんじゃないの」

第1章　分数の大小・倍分・約分・通分

と私に言われ、子どもたちはもう一度考えました。❸'で証明しようとしたのですが、細かい線が書けずに困っていました。私はその姿を見て、あとの倍分、通分につながる重要な問題なので倍分、通分を学習する時まで残すことにしました。子どもたちの心には、「なぜ分母を倍数にしても数の大きさが変わらず、等しいと言えるのか」ということが疑問になって残ったようでした。子どもたちから❼❽の考え方が出ました。

❼　変化の度合いとして考える

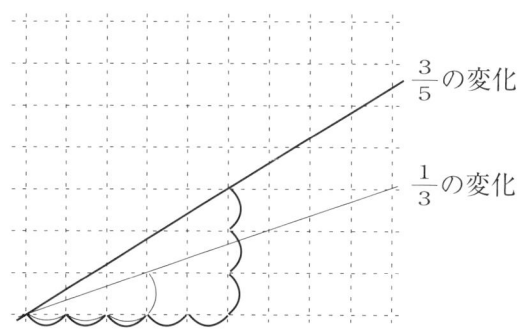

❽　$\frac{1}{2}$を中心にして、それより大きいか小さいかで比べる

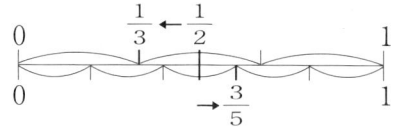

❺に似た考え方で、半分より大きい・小さいで比べることもできるということを子どもたちに話しました。

時間はたくさんかかりましたが、1時間目から3時間目になるにつれて、

—15—

考え方が多様になり、発言も増えたことに、私は満足していました。
　そして、ここまでの記録を川嶋先生にファックスをしました。すると、早速、次の日に川嶋先生から「分数についての私の考え」というコメントがファックスで届きました。

〈川嶋コメント〉

1、一番重要なことは1が基になっていることをおさえること。

　$\frac{1}{2}$と$\frac{1}{3}$を比べる場合でも、
　　　□の大きさでとった場合と、
　　□の大きさでとった場合では、$\frac{1}{2}$の量は違います。

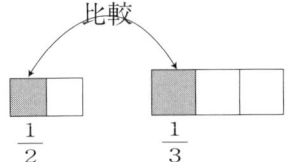

では基の量が違いますので、$\frac{1}{3}$の方が大きくなってしまいます。

　これは分数の初歩の時に1本のようかんの$\frac{1}{2}$と言っても、基の大きさをおさえないと混乱します。大切なところです。

2、ですから、この延長上で6年になっても1本のびんと言っても$\frac{1}{5}$と$\frac{1}{6}$の水を入れる基のびんの大きさが同じであることのおさえが大切です。その意味から1ℓと定めた方がよいと思います。
　基準の1 を一定にする。

3、子どもそれぞれの考えを結び付けて具体から抽象へ、椎名さんのこ

第1章　分数の大小・倍分・約分・通分

の実践で感心させられるところは子どもたちの考えが様々に出ているということです。(❶❷❸❹❺❻❼❽)

特に❷の分子と分母の積を比べるなど、子どもらしい発想の面白さです。

これはきっと、普段の授業の中で間違いを恐れず、クラスみんなの力で考えを解決していく授業の成果だと思います。

授業はこの多様に出た子どもの考えをつなぎあわせ一つの合理、論理、法則へ高めていくことです。特に算数では様々な具体から数という抽象の世界に子どもたちを引き込んでいくことが大事です。

この実践で言うと次のようなことです。

下の図のように❸❸'（具体）から❺（半具体）数という抽象へもっていくのです。第4時の授業では子どもの考えを出しっぱなしで教師側のこの指導がぬけていましたね。

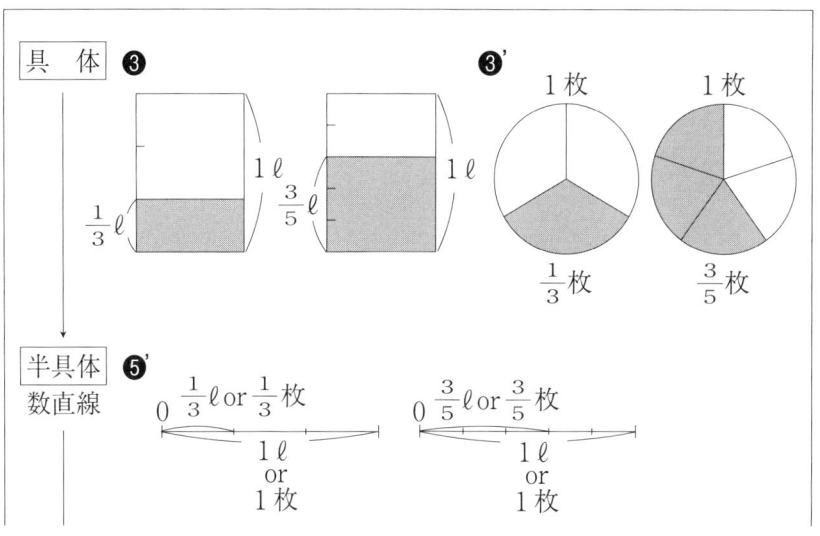

＊❺の場合、まだℓ、枚をつけておいた方が子どもたちのイメージをうかべやすい。

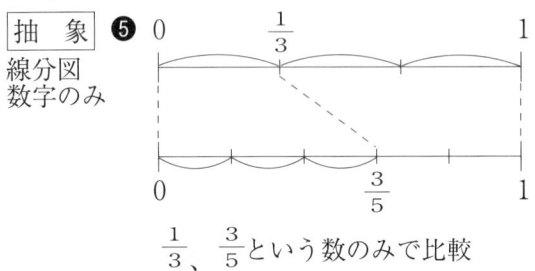

$\frac{1}{3}$、$\frac{3}{5}$という数のみで比較

＊❸❸'(具体)～❺❺'(半具体)～数字のみの抽象へとつなげて高めていく。このことを"子どもたちの考えをつなげていく"という。私は場合によっては、本当のジュースやせんべいを持って行ったりする。

❹❻❼❽は発展として軽く扱う。こうすることによって子どもたちは、数の裏に様々な具体があり、数についてのイメージがもてるようになる。数も一つの表現である。

4、「分子や分母を倍にしたら量が多くなってしまうんじゃないの」という子どもの疑問を大切にして、次の「等しい分数づくり」に生かしてください。

第1章　分数の大小・倍分・約分・通分

（第5時）倍数

5月1日（月）の授業です。

川嶋先生のお話から、基になる1の大きさや単位の重要性について、子どもに確かめておく必要があると感じました。大きさが等しい分数の分母・分子同士の関係を調べる前に、この確かめを教師主導でしようと思いました。

> 分数を考える時の確かめ　$\frac{4}{6}$と$\frac{5}{6}$を例にして

ⓐ単位の重要性

・$\frac{4}{6}\ell$と$\frac{5}{6}d\ell$では、$\frac{4}{6}\ell$の方が大きくなる。数字だけでなく、単位を確認することも大切。

ⓑ基になる1について

・下のピザの図のように、どちらも一枚だが、大きさが違う場合もある。だから、基になる1の大きさが等しいかどうかを確かめることも大切。

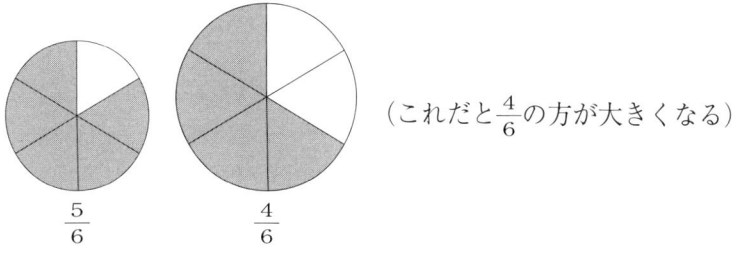

（これだと$\frac{4}{6}$の方が大きくなる）

数だけ見て大きさを決めることはできない。

子どもから、ⓐについては発言がありましたが、ⓑについては「あー、そうか」という声が出るくらいでしたので、基になる1について意識しなかったことを感じました。川嶋先生のおっしゃるとおりに、今後も何度か「基になる1」について触れて確かめた方がいいと思いました。

さて、本時（倍分）の問題です。

> **問題**　$\frac{1}{2}$、$\frac{2}{4}$、$\frac{3}{6}$は大きさが等しい分数です。
> 分母同士、分子同士の関係を調べましょう。

子どもたちは、「まず、一人ひとりでやってみよう」と5分ぐらいの個人学習をしました。正直なところ、一人ひとりができているという感触は私にはありませんでした。一人ひとりがしっかりとした考えをもたないままでも、次の話し合いの中で理解ができればいいのではないかと考えていました。

少し経って子どもが「数直線と面積図でやろう」と言いました。誰か必ず全体に声をかけてひっぱっていきます。私はいつもこんなふうに、勇気ある子どもが増えるといいと思っています。

私が「授業のはじめにしたⓐとⓑについては確かめなくても大丈夫なの？」と聞くと「だって、問題に『大きさが等しい』ということは、『単位』も『基になっている1』もクリアしているからでしょ」と答えました。

そして、数直線と面積図のことについて、2人の子どもが前に出て発表し、それについて付け足しをしながら、授業を少しずつ自分たちで進めていきました。

第1章　分数の大小・倍分・約分・通分

①数直線

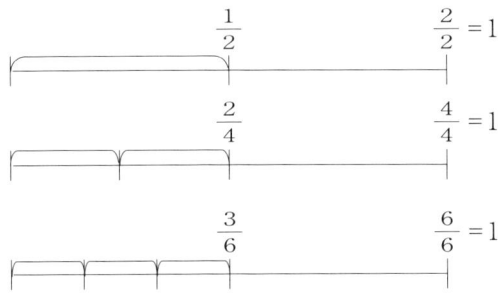

$\frac{2}{4}$は、$\frac{1}{4}$が2こ分
$\frac{3}{6}$は、$\frac{1}{6}$が3こ分
｝これらは、$\frac{1}{2}$と同じ

②面積図

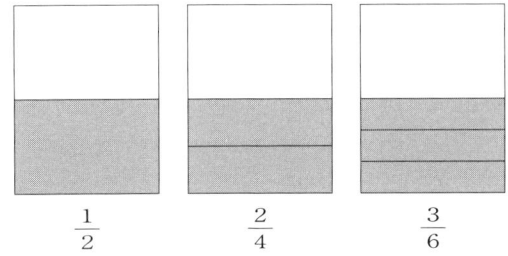

この面積図を横に倒すと、数直線の目盛りと同じになる。

＊この発想がすばらしいです、数直線と面積図の長さをあわせておいて実際に移動させてくっつけてみるといいですね。(川嶋)

ここまで、授業が進んだ時、私が「でも問題は『分母同士・分子同士の関係を調べる』じゃなかったの？」と聞きました。すると、子どもは

第1章　分数の大小・倍分・約分・通分

「でもね先生、一応、大きさが本当に等しいのかどうか確かめてからね」
と答えました。

＊すばらしい子です。これが倍分の授業（自然の思考の過程）順序です。
　（川嶋）

　今までの授業の流れから、分数は数直線の図を書くことからはじめる
というのが、子どもたちにとって、ある種のパターンになってきている
ように思いました。
　いよいよ本題に入ります。3つの分数の分母や分子の数字について気
づいたことを発表させました。

③　分子は1ずつ増えていく

$$\frac{1}{2} \quad \frac{2}{4} \quad \frac{3}{6}$$

　　分母は2ずつ増えていく

　上下の数字の増え方に目をつけました。

④分母÷分子＝2

⑤
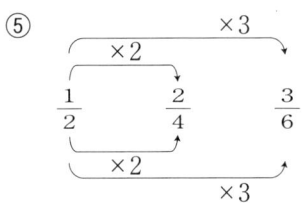

第1章　分数の大小・倍分・約分・通分

　③と④の考え方は意外にすぐに出てきました。④についてはよく気が付くことができたなと思いました。むしろ、簡単に出ると思っていた⑤が、私からのヒントでようやく気づくことができました。

＊授業には教師の教え込むところと子どもに考えさせるところがあります。この場合は教師が教え込んでいいと思います。もちろん子どもから出たらそれはそれで取り上げるべきです。⑤は倍分で一番大切なことですから。(川嶋)

　机間指導をしていたら、遊びながら分母をかけ算している子どもを見つけました。それをヒントに教師主導で、下の図を書いて確かめました。

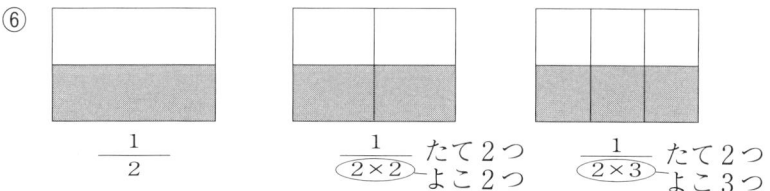

分母の数は分割数になっている。
分子はグレー部の数になっている。

　ここまでで50分でした。子どもたちが発表でとても時間がかかる理由は、図を正確に分割（できるだけ等間隔に）しようとすることと、発表内容を整理できないことだと思いました。説明の仕方については、少しずつ改善できたらいいと考えています。

＊こういう場合は、意見のある子を皆立たせ、一人の子に説明してもら

第1章　分数の大小・倍分・約分・通分

って自分もそれと同じだったら腰を下ろすようにするといいです。時間の短縮にもなりますし、他の人の話をよく聞く訓練にもなります。1つの授業の技術です。(川嶋)

　図については、OHPシートを重ねて、わかりやすく説明しました。OHPシートを縦や横に重ねることで、通分の意味が見えやすくなると思ったからです。

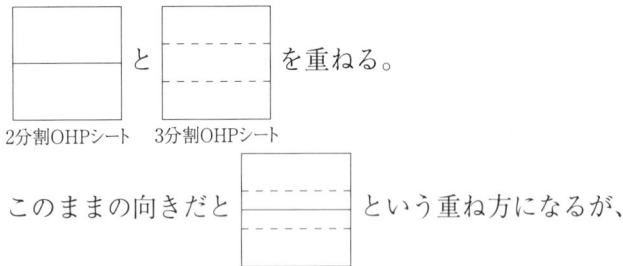

2分割OHPシート　3分割OHPシート

このままの向きだと 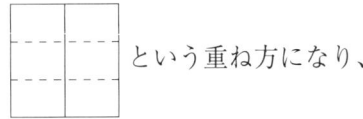 という重ね方になるが、

2分割OHPシートを90°回転させてから重ねると、

という重ね方になり、

分母が2と3の通分は6（6分割）になることがわかります。

　この説明のあとの子どもの反応は、いま一つぱっとしませんでしたが、深くうなずく子どもが数人いました。

　このように、授業が一つひとつ積み上げられていくようで、充実感はありますが、私の力不足で、授業のあとに「こうすればよかった」「あのような教師の口出しはしない方がよかった」などと反省したり、子ど

第1章 分数の大小・倍分・約分・通分

ものつまずきを予想できないことを歯がゆく思ったりしています。

〈川嶋コメント〉

コメント1　ⓐについて

　ⓐはとてもいい思いつきだと思います。

　子どもたちは$\frac{4}{6}$と$\frac{5}{6}$の比較をすれば、$\frac{5}{6}$の方が大きいと思うでしょう。ℓ・dℓだから子どもにとってもわかりやすいし、驚きになります。

　これは分数の初歩で、2〜3年でしっかりおさえるべきです。そうしないと割合やわり算などになって混乱するのです。

コメント2　ⓑについて

　ⓑの子どもから「あー、そうか」という納得いかないような声が出たのは、具体がないからです。例えば、子どもたちの興味を引き付ける食べ物（大きさの違うようかん$\frac{4}{6}$本を$\frac{5}{6}$本）などでやると身近に感じます。

　私などは、大小のせんべいを持って行って$\frac{4}{6}$と$\frac{5}{6}$をあげることにして、どっちを取るか、ひっかけ問題にします。子どもたちはのってきます。そして納得！　ということになります。

　（大きさが等しい分数の分母・分子の比較について）

　子どもが言った「単位も基になっている1」というのはすごい！　と思います。ぴったり入りましたね。数直線の図では、

この線が1であるということが大切です。

コメント3

子どもが「一応、大きさが本当に等しいか確かめてからね」と答えた様子から、子どもたちは、教師を越えて立派になってしまった感がしました。「子どもが立派！」ということを斎藤喜博先生は「お子がまし」と言いました。「教師らしく振る舞っておこがましいことを言うな」をもじってのことと思います。若かった頃の私は「ましな子をつくったのは教師の私よ」なんて、心で思ってつっぱっていたものです。

コメント4 ①線分図と②面積図のつなげ（ここからが教師の出番です）

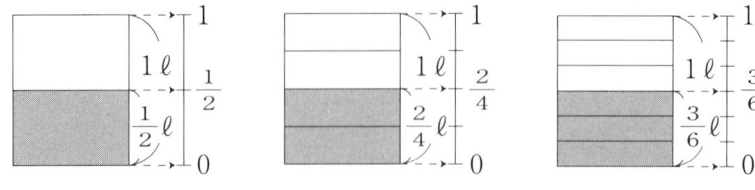

②、⑥の面積図と①の線分図のつなげができたら、⑤の $\frac{○×2}{○×2}$ $\frac{○×3}{○×3}$ ……→抽象の数につなげます。これが授業です。数はやっぱり具体をいっぱい包容した表現（文章）です。

倍分の後日談（川嶋の授業）

今、日本各地の学校で少人数学級が叫ばれて、習熟度別にするか均等割にするかで揺れています。そこで実験のため私は都内のある学校の6年生で授業をさせてもらいました。教科は算数の倍分、子どもは補充コ

ース15人です。この子たちはもうすでに異分母異分子のたし算ひき算は完了していました。先生方が希望をとるとたくさんの子が希望をしてくれました。その中で大変そうな子が15人ほど選ばれ、授業をすることになりました。先生方は大変な子どもたちばかりなので、「授業が成立しないのではないか」と心配していたようです。当の私は算数のルール（具体→半具体→抽象）を踏めば、必ず授業は成立すると思っていました。

A　授業略案……こんなふうに授業をやってみたい。
Ⅰ、目標
・倍分の意味がすじみちをたててわかる。
・学習態度。
　集中して学習ができる。
　思ったこと、わかったこと、疑問などが発言できる。

Ⅱ、学習の展開

> 課題A　$\frac{1}{2}\ell$ と $\frac{2}{4}\ell$ ではどちらが大きいでしょうか。

・$\frac{1}{2}\ell$
・$\frac{2}{4}\ell$
・同じ
・わからない

予想をたてさせ、それぞれの理由を考えさせる。

イ、実際にジュースを使って1ℓを確認。

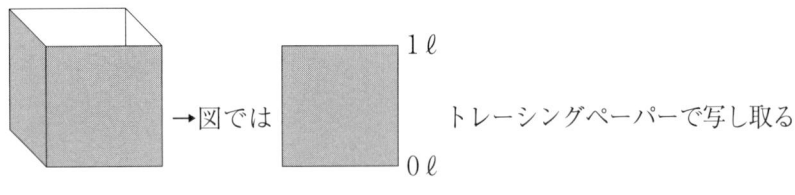

オレンジジュース $\frac{1}{2}\ell$

グレープジュース $\frac{2}{4}\ell$

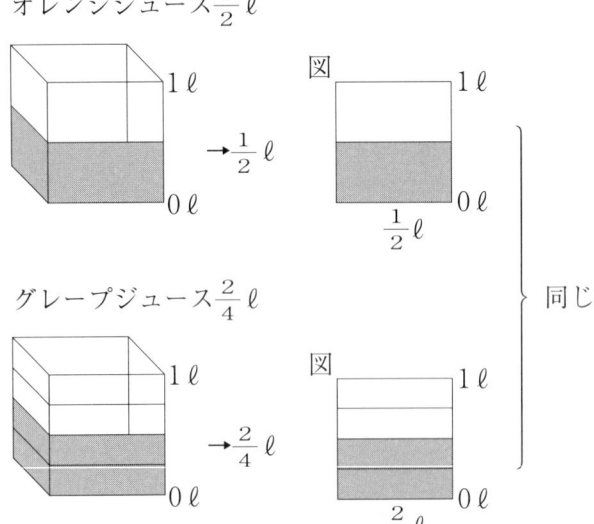

ロ、$\frac{1}{2}\ell$ は？

ハ、$\frac{2}{4}\ell$ は？

ニ、各自作業

　　紙に $\frac{1}{2}\ell$ と $\frac{2}{4}\ell$ を書き、ノートに貼る。

ホ、$\frac{1}{2}\ell = \frac{2}{4}\ell$ の間に何か関連はないか？

　　$\frac{1\times 2}{2\times 2}=\frac{2}{4}$

B　用意するものは、
　　オレンジジュース　　　　　　　　２ℓ……１ℓ、$\frac{1}{2}$ℓをとるため
　　グレープジュース　　　　　　　　１ℓ……$\frac{2}{4}$ℓをとるため
　　１ℓ升　　　　　　　　　　　　　４～５個
　　10cm四方のトレーシングペーパー　数枚
　　10cm四方のすけない紙　　　　　　数枚
　　授業の略案

C　授業の様子
1、１ℓの量の概念を確認
　　１ℓ升にオレンジジュースをなみなみとつぎ「これが１ℓ」（子どもたち「飲みたーい！」とジュースに反応）

2、問題提示
　　$\frac{1}{2}$ℓと$\frac{2}{4}$ℓではどちらが大きいか。

3、子どもの反応、しばらく考えていたが発言なし、そのため私の方から提示
　　イ、$\frac{1}{2}$ℓが大きい…………15人中13人
　　ロ、$\frac{2}{4}$ℓが大きい…………15人中０人
　　ハ、同じ………………………15人中０人
　　ニ、わからない………………15人中２人
　　（ニ、の２人は学習に全く無関心。なげている）

第1章　分数の大小・倍分・約分・通分

4、私のとった手立て
　(1)　私は「ハ　同じよ」とあえて言う。子どもたち少しハッとする。
　(2)　オレンジジュース$\frac{1}{2}\ell$とれる人は？
　　　子どもたち、なかなか発言がないので指名。

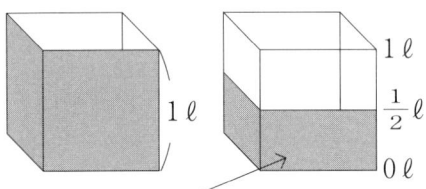

　(3)　黒板に書こう。(面積図のために)
　(4)　(この面)にトレーシングペーパーをあて、写し取る。

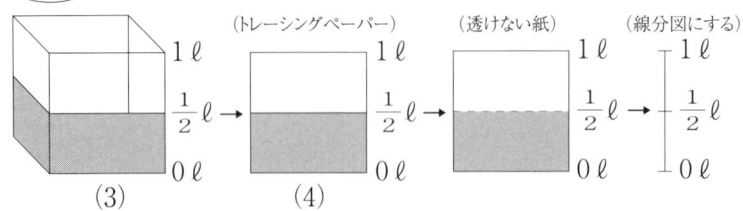

　(5)　私「透けない紙ではどうする？」と発問。
　　　子ども「1ℓ升にあてなくても、半分に折ればいいよ」

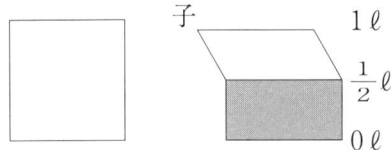

　　　私「そうだね、$\frac{1}{2}$は1つを2つに分けた1つ。すなわち半分ね」

　(6)　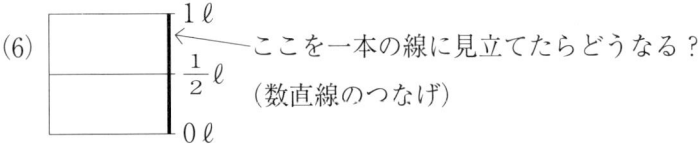ここを一本の線に見立てたらどうなる？
　　　　　　(数直線のつなげ)

—30—

この頃になると子どもたちはかなりのってきた。

(7) 次に $\frac{2}{4}\ell$ は？ 上と同様な作業をする。

グレープジュースを $\frac{2}{4}\ell$ とりたくて、多くの子がやりたがる。

（子どもが学習に参加しないなって嘘のよう）

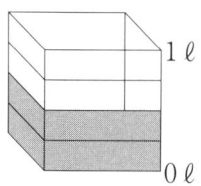

(8)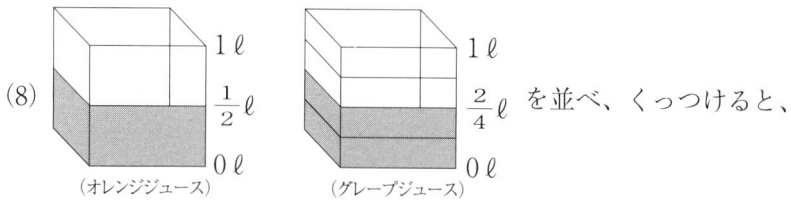

$\frac{2}{4}\ell$ を並べ、くっつけると、

（オレンジジュース）　（グレープジュース）

「同じだ」「同じだ」と大騒ぎ。

(9) 黒板に $\frac{1}{2}\ell$ の下に $\frac{2}{4}\ell$ の具体～線分図までを書き、比較。

$\frac{1}{2}$　$\frac{2}{4}$
　↑

私「ここに何が入る？」

子ども　無言。

私「＋？　－？　×？　÷？」

子ども　ようやく＝を見い出す。

（＝は同じという記号であることを説明）

(10) $\frac{1}{2}\ell = \frac{2}{4}\ell =$

私「何か規則はない？」

子ども　しばらく考えていたが、一人の子が、「分母分子に同じ

2がかかっている。2等分ずつしたんだよ。紙では2回折ったし、面積図で2等分ずつしたもの」

(11) 私「では」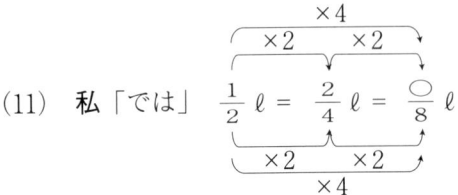

$\frac{3}{6}\ell$ は図で3等分しにくいために、わざととばした。

何と、×4を発見した子は「わからない」と学習をあきらめていた2人の子の中の1人だった。

D　参観してくださった先生の感想の中から

a　教師の言葉かけや働きかけ

・引っ込み思案な子への対応——「何でもひっこんじゃだめよ」「オー、手が挙がった」

・発言できない子へ——「また聞くよ」「友達の言うことをよく聞いているのよ」

・わからない子へ——「わからない時はわからないって言うんだよ」「間違ってもいいんだよ」「イヤって言わないんだよ」

＊自信をもたせるために、全員に必ずわかることを聞き「算数ってむずかしいだけじゃない」と暗示をかける。

・集中していない子へ——「目を合わせて」「みんなこっちを見てるよ」

＊手イタズラや他のことをする時間を与えない。

・反応しない時——「できる、できない、どっち？　返事をするんだよ」

b　学習のルールを作り、徹底させる。
・友達の意見を聞く――発言している人をよく見るなど。
・反応する――無表情、無関心ではいない。
・「間違いは恥ずかしくない」ことをあらゆる場面でやり、これを学級の文化にする。

c　子どもを見る目
・一人ひとりの様子を瞬時に読み取り、その子の理解を深める手をもつ。
　この子は集中がとぎれたな／この子はわかっていないな／この子は他のことを考えているな／――ではこの手をつかおう。

　子どもは教師が教材の見通しと手だてをたて、励ましてやれば、どの子もわかるはず。できない子はいないということを確認できた1時間でした。

第1章　分数の大小・倍分・約分・通分

（第6時）等しい分数づくり（倍分）

子どもたちの納得した表情を見てから、課題を提示しました。

> $\frac{1}{2}$と大きさが等しい分数の仲間づくりをしよう

子ども　$\frac{2}{4}$、$\frac{3}{6}$でしょ。
子ども　それだけではないよ。
子ども　$\frac{4}{8}$、$\frac{5}{10}$、$\frac{6}{12}$、$\frac{7}{14}$……。
子ども　まだまだあるんじゃない。
子ども　倍数を使ってどんどん仲間を増やせる。
教師　みんなが作った$\frac{2}{4}$、$\frac{3}{6}$、$\frac{4}{8}$、$\frac{5}{10}$、$\frac{6}{12}$、$\frac{7}{14}$……の仲間の代表を$\frac{1}{2}$としましょう。

$\frac{2}{3}$の仲間集めはできますか？

　この問いかけに対する子どもたちの声は、1問目よりもはっきりした声で返ってきました。そして、先程より早く答えが出ました。自信をもったのだと思いました。

子ども　$\frac{4}{6}$、$\frac{6}{9}$、$\frac{8}{12}$
子ども　$\frac{2}{3}$の場合も、倍数だからどこまでも増える。
子ども　やっぱり、2倍、3倍の考え方を使うと一番やりやすいし、自然だと思う。
子ども　$\frac{4}{6}$、$\frac{6}{9}$、$\frac{8}{12}$、$\frac{10}{15}$……とかの仲間の代表は$\frac{2}{3}$

—34—

教師 仲間がどんどん増えると、リーダーが生まれてくるみんなの生活と似ているね。

このように話すと、この授業でしばらく発言していなかった子どもが立ち上がりました。

子ども ぼくは、等しい大きさの分数を見つける時は、分母÷分子＝一定の考えの方が、合理的にできそうだと思っていたけれど、$\frac{2}{3}$の問題でそうでないことに気づきました。$\frac{2}{3}$＝2÷3で計算をしたら、小数になってしまう。割り切れない場合だって出そうだし、面倒だと思います。だから、みんなの言う方が合理的に仲間を見つけられるやり方だと思いました。
子ども $\frac{2}{3}$の時は割り切れなくなるから、割り切れても割り切れなくてもどっちにも使える方を選べばいいんだと思います。

子どもたちには、「一定」とは「整数」であれば、より気持ちが安定するという感覚があるということがわかりました。子どもたちは割り切れないと、すっきりしないという感覚をもっていると思いました。

子どものノート・ふり返りから
D児……「合理的な方法」は、早く・正確・わかりやすいなどの条件を満たした方法だから、「最良の方法」とも言えると思いました。
H児……最初は、分子・分母が何ずつ増えるのかということを考えていたけれど、そのやり方だと数がどんどん増えるとやりづらくなることがわかりました。

T児……倍数で仲間を増やす方法が一番勉強になりました。なぜなら、分母や分子を掛けたり割ったりして、基の分数にもどせることをぼくは知らなくて、こんなに便利な方法があることを知って得したからです。

Y児……いろんな式や図の中から、どんどんかけ算をしていくことが、ぼくなりにとてもやりやすかった。暗算でできるのでどんな時にも早くできると思う。

S児……×2、×3ということがわかったと同時に、当たり前だけど、÷2、÷3のことも確かめられてよかったです。

M児……前に習ったかけ算・倍数を使って考えるのはとても楽しい。次も合理的な方法を考えたい。

K児……みんなすごくいいことを言っていて、中でも、「分母÷分子＝一定」の考え方は私のお宝です。しかも割り切れるものもあれば、割り切れない場合もあるとわかりました。それに、仲間づくりは作ろうと思えば無限にできるということを知りました。

　本時では、先に代表があってその仲間づくりをしました。次の第7時では、逆思考を鍛えるために「代表決め」と称して、「約分」の学習をする予定です。

〈川嶋コメント〉

1、いよいよ教材論から、授業論に入ってきましたね。この授業記録を面白く読みました。

授業は子どもの考え①、子どもの考え②、子どもの考え③、子どもの考え④をつなげながら、1つの原理・原則・法則・合理、教えたいことor本時の目標へもっていくのです。
　つなげながら原則・合理へもっていくのが授業だと思います。
　子どもの考えを結び付けながら、教えたいことに到達するのです。
　この意味から面白いと思いました。

２、疑問
　第4時で残した子どもの疑問、分母や分子を倍にしたら、量が多くなってしまうんじゃないの（14ページ）という疑問をどこで解きましたか。
　$\frac{1}{2}$と等しい分数が、$\frac{2}{4}$、$\frac{3}{6}$と子どもの中からすぐ出てきたのは前時（第5時）でやってあったからですね。

第1章 分数の大小・倍分・約分・通分

（第7時）分数の仲間づくりをしよう（約分）

黒板に次のような①から④のカードを貼りました。

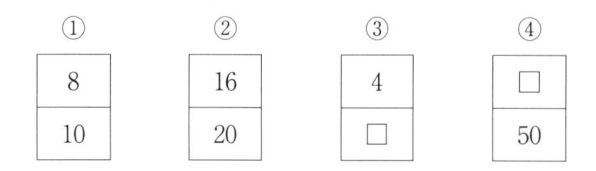

①	②	③	④
8	16	4	□
10	20	□	50

子ども　分子は4の倍数になっている。ということは、4が基準になっているということだよね。

子ども　分母は10の倍数になっているよね。

子ども　えっ、そうすると、③のカードが成立しないよ。

子ども　①のカードと③のカードの分子と分母を比べると、8→4というように数が減っているから、10より大きくなることはないと思います。だから、10の倍数とは考えられないと思います。

子ども　あっ、ぼく、①・②・④を見て勘違いしていた。分母の10と50を見ていて、③のカードの分母は20と思ってしまった。やっぱり5です。

　子どもたちは、全体で「分母は5の倍数になっている」ということを確かめ合いました。すると、一人の子どもが立ち上がってみんなにこう言いました。

第1章　分数の大小・倍分・約分・通分

子ども　$\frac{4}{5}$は代表だよね。

　この発言をきっかけに、この問題から考えられる「代表になるための条件」を話し合いはじめました。

❶　$\frac{4}{5}$のようにこれ以上、数字が小さくならないこと
❷　分子が1になると必ず代表になれる
❸　わり算をしてもどちらかが割れなくなる
❹　それ以上割れない時
❺　分子・分母のどちらも偶数の時は代表になれない
❻　分子と分母の最大公約数が1になる時
❼　分子の数と分母の数がとなり合わせの時

　子どもたちは❶から❼の友達の考えを聞いて、❶と❹は同じ考えだとまとめていました。しかし、どの子どももよく考えていましたが、首をかしげている子どもが何人かいましたので、私が付け足しをしながら、子どもたちと確かめをしました。
　(❷について) 分子が1の分数は「単位分数」と言うんだよ。
　(❸について) 割れなくなるというのは、商が整数でなくなるということだよね。
　(❺について) 例えば、$\frac{2}{4}$とか$\frac{6}{20}$とか。確かにどちらも偶数だと2で割れるものね。この言い方は「〜でなければ」という表現だね。
　(❻について) $\frac{9}{10}$だと9と10の最大公約数は1、$\frac{4}{5}$だと4と5の最大公約数は1、つまり、これらはどちらも仲間の代表になっているということだね。

—39—

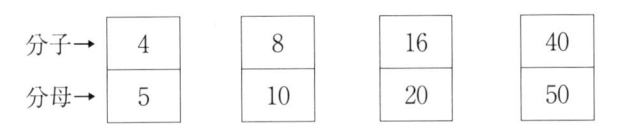

```
           分子→  │ 4 │   │ 8 │    │ 16 │    │ 40 │
           分母→  │ 5 │   │10 │    │ 20 │    │ 50 │

                最大公約数は1 最大公約数は2 最大公約数は4 最大公約数は10
```

最大公約数は1、最大公約数は2、最大公約数は4、最大公約数は10（❼について）例えば、$\frac{1}{2}$、$\frac{2}{3}$、$\frac{3}{4}$、または、数字がとんで$\frac{39}{40}$というようにだね。

　このように確かめをしましたら、これについて子どもが発言をしました。

子ども　分母の数－分子の数＝最大公約数

　になっていると思います。

　みんなが驚きの声をあげました。私も一瞬、びっくりしました。確かに、5－4＝1、10－8＝2、20－16＝4、50－40＝10 と4つの問題は偶然にも成立しています。しかし、例えば、$\frac{7}{35}$は35－7＝28→28が最大公倍数？　のようにそうでない場合もあることを確かめました。子どもの、数を関連づけてみようとする力はすごいと思いました。

子ども　分子と分母の最大公約数で割ったものが、代表になれると思います。

　子どもたちはこの発言に大きくうなずきました。私は次のような言葉を付け足しました。

第1章　分数の大小・倍分・約分・通分

教師　代表にする仕事を「約分」と言います。

子どものふり返り
　○代表になるための条件で一番合理的なのは、❻の方法で最大公約数を見つけるということだと思いました。けれど、実際に授業の終わりにドリルでやってみると、私は何度もわり算をするやり方がやりやすくて、その方法でやっていました。
　○ぼくが心に残った発表は、分母の数−分子の数＝最大公約数という意見です。残念ながら完璧な方法ではなかったけれど、分子と分母の最大公約数を、どれだけ早く見つけるかがカギだということがわかりました。
　○ぼくは❺の考えを出したんだけど、「〜でないとなれない」という否定的な表現ばかりが頭にうかんだ。算数の世界でも否定的な見方をするのは簡単だけど、前向きな見方や肯定的な条件を見つけるというのは、ぼくにとってむずかしいと感じました。

　この他に、「授業を聞いていたらちゃんと力がついたと思っていたのに、授業の終わりの問題を解いたら、案外解けなくてびっくりした」といった感想を書いている子どもが8人もいました。そこで、次の時間は約分の復習をしながら、通分の学習も同時に行うことを試みてみました。

(第8時) 再び約分

「授業の終わりの問題を解いたら、案外解けなくてびっくりした」という子どもが8人もいたので再び約分の授業を試みました。

第4時で出した「分母や分子を倍にしたら量が多くなるのではないか」という疑問も合わせて、ここで解決しようと考えました。

教師 前時にした仲間集めをして、その中の代表を見つけることを約分と言います。

代表選出＝約分と考えてみましょう。

子ども それには、最大公約数・わり算が関係すると思います。

私は、子どもたちが昨日までの学習を憶えているのかどうか、例題を出して確かめることにしました。

> 例題　$\frac{2}{4}$を約分しよう。($\frac{2}{4}$の代表は？)
> $2 \div 2 = 1$
> $4 \div 2 = 2$

子ども $\frac{2}{4}$は分子が2で分母が4

2と4のどちらも割れる数は2だと思います。

子ども 2は最大公約数ということだよね。

教師 最大公約数で割ると、分子が2→1、分母が4→2になるね。分母・分子が小さい数字に変わっても、分数の大きさは変わらないこと

—42—

は大丈夫かな。
子ども $\frac{2}{4}$と$\frac{1}{2}$は等しい数ってことでしょ。
教師 算数では、説明するために言葉で表現したり、図や数直線で表現したりするね。

みんなが当たり前に使っている「式」というのも、表現の一つなんだよ。

$\frac{2}{4}$と$\frac{1}{2}$が等しい理由を言葉以外で表現して説明できるかな。

すると、すぐに子どもたちは手を挙げました。

子ども 数直線で表すとすぐにわかると思うけれど、数の大きさは変わらない。つまり分母や分子が倍になって、数字が大きくなったように見える量は同じだということです。

そう言って、黒板に書きはじめました。

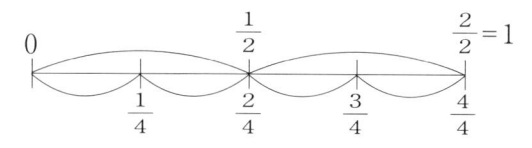

$$0 \quad\quad \frac{1}{2} \quad\quad \frac{2}{2}=1$$
$$\frac{1}{4} \quad \frac{2}{4} \quad \frac{3}{4} \quad \frac{4}{4}$$

この図を見て、次の子どもがこう発言しました。

子ども 等分する数が変わっただけだ。

2等分するか、4等分するかということだ。

みんなはこの発言にとても納得したようでした。

第1章　分数の大小・倍分・約分・通分

子ども　4分割したうちの色ぬりされた2つ分とも見られるし、横半分に分けたうちの下の分だけとも見られると思います。

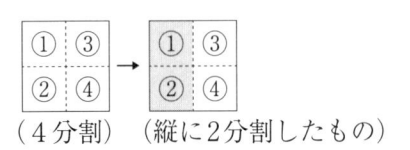

（4分割）　（縦に2分割したもの）

学習したことを何度も使うことによって、考え方の反復ができるのだと思います。

子ども　だから÷2を使うんだと思います。
　　　　$2 \div 2 \to 1$
　　　　$4 \div 2 \to 2$

教師　みんなが書いた矢印のところは、「＝」でつなげられるのですよ。

〈川嶋コメント〉

1、約分はこれで十分だと思います。ただ線分図と面積図のつなげが大事です。

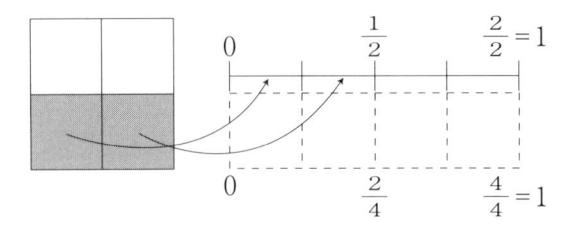

あらかじめ長さを同じにしておくこと。

切り開いて線分図に重ねる。

これで$\frac{2 \div 2}{4 \div 2} = \frac{1}{2}$につなげていく。

2、$\frac{4 \div 2}{8 \div 2} = \frac{2 \div 2}{4 \div 2} = \frac{1}{2}$とやる子もいると思います。最大公約数が一番合理的、そのために最大公約数を見つける練習をしてください。

＊　＊　＊

川嶋先生のコメントをいただきもう一度約分の授業をしました。

> $\frac{2}{4}$の約分をしよう

子ども　2と4の最大公約数は2なので、2で割るといいと思います。
　　　$\frac{2}{4}$→分母も分子も÷2をする→$\frac{1}{2}$
教師　等分する数が変わっただけで大きさは変わらないね。

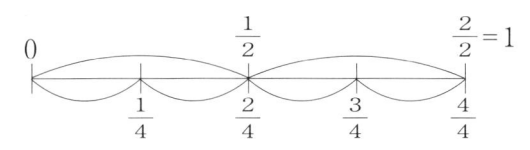

面積図でも表すと同じ意味だったね。

$\frac{2 \div 2}{4 \div 2} = \frac{1}{2}$

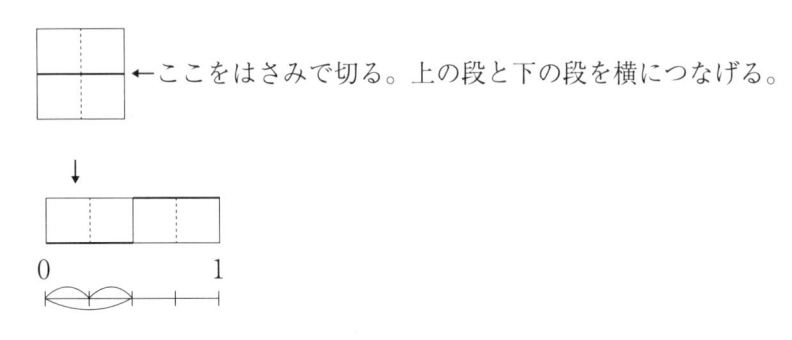

←ここをはさみで切る。上の段と下の段を横につなげる。

　川嶋先生が教えてくださったように、事前に長さを測った図を準備しました。私がこの図を見せると子どもたちは、面積図と数直線図がぴったり合うことにとても驚いていました。そして、「面積図と数直線に共通するものがあるんだ」「÷2の意味がすっきりわかった」と喜んでいました。

子どものふり返り
　○面積図、数直線につながるのが、すごく斬新な感じがしました。
　○$\frac{2}{4}$、$\frac{1}{2}$からみんなが考えた図は、全部がつながりがあるということがわかりました。
　○算数はいろいろなかたちでつながっています。算数と数学もいろいろなかたちで分解して考えることができます。
　○ぼくは$\frac{2}{4}$と$\frac{1}{2}$の間に何が起こったのか友達が黒板にわかりやすく書いてくれたのでよくわかった。

〈川嶋コメント〉

　ずいぶん遠回りをしましたね。最初にここの（面積図と線分図をつな

げる）ところをやって第7時に数の操作にすればすっきりしました。

（第9時）通分について

教師 通分は、等分する数を同じにすること。

私はそう話して、約分と通分の違いを明確にさせるために表を書き、子どもたちに声を出させて確かめました。

約分	通分
最大公約数 わり算	最小公倍数 かけ算

そして、$\frac{1}{2}$と$\frac{1}{3}$の仲間づくりをしました。

$\frac{1}{2}$、$\frac{2}{4}$、$\frac{3}{6}$、$\frac{4}{8}$、$\frac{5}{10}$、$\frac{6}{12}$

$\frac{1}{3}$、$\frac{2}{6}$、$\frac{3}{9}$、$\frac{4}{12}$

子ども 分母が同じなのは、$\frac{2}{6}$と$\frac{3}{6}$、$\frac{4}{12}$と$\frac{6}{12}$だね。

子ども だから、このようになると思う。

$\frac{1 \times 2}{3 \times 2} \rightarrow \frac{2}{6}$　　$\frac{1 \times 3}{2 \times 3} \rightarrow \frac{3}{6}$

子どもたちはどうしても「＝」のところを→で表現したがっていました。等しいものは「＝」でつなげることも話しました。

第2章

分数のたし算

第2章 分数のたし算

（第1・2時）異分母分数のたし算

〈川嶋コメント〉

1、「異分母のたし算・ひき算」のための参考にしてください。
　　——文章題の処理の仕方です。

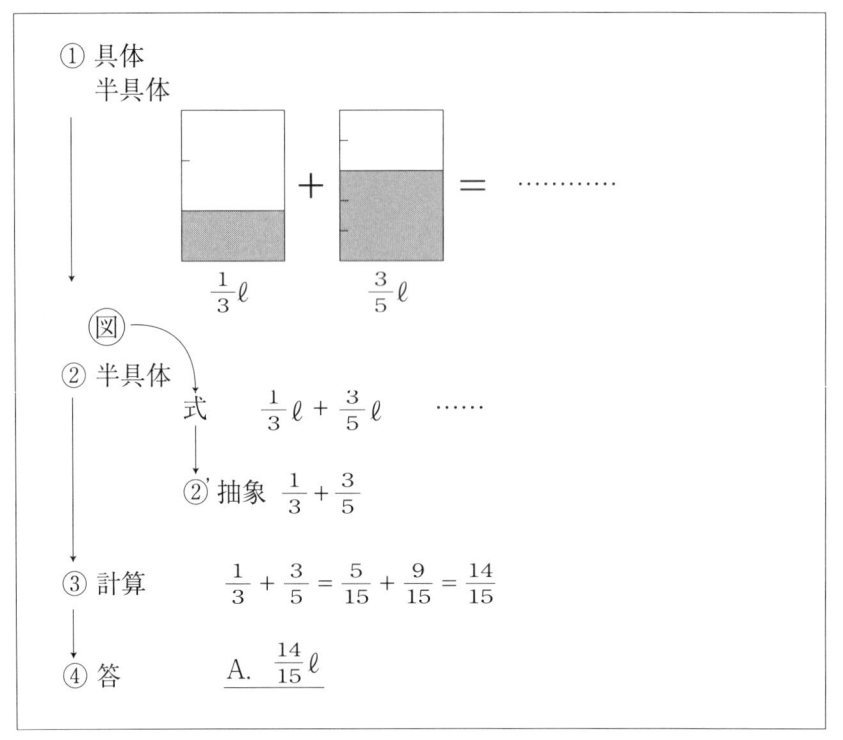

① 具体
　 半具体

　　　　$\frac{1}{3}\ell$ ＋ $\frac{3}{5}\ell$ ＝ …………

　図
② 半具体
　　式　　$\frac{1}{3}\ell + \frac{3}{5}\ell$　……

　　②' 抽象　$\frac{1}{3} + \frac{3}{5}$

③ 計算　　$\frac{1}{3} + \frac{3}{5} = \frac{5}{15} + \frac{9}{15} = \frac{14}{15}$

④ 答　　A. $\frac{14}{15}\ell$

　　文章題は必ずこの四段階で解かせるようにしてください。数という抽象の裏には必ず具体があるのを、数という抽象の世界の裏にあるイメージが浮かび、子どもの頭が整理されます。数式も一つの現象の表

現であり、言葉です。

２、問題の順に注意

$\left.\begin{array}{c}\frac{1}{2}+\frac{1}{3}\\\frac{1}{5}+\frac{1}{10}\end{array}\right\}$ などは、すぐに通分できます。

$\frac{1}{5}+\frac{3}{10}$ などは、最小公倍数がすぐに見つからないから４×８(24)でやる子、16でやる子などがいます。

ここで、$\frac{1\times 2}{4\times 2}+\frac{3\times 1}{8\times 1}=$が合理的だということをわからせる。

例えば、$\frac{1}{8}+\frac{5}{36}$（なかなか最小公倍数が見つからない）

＊　　＊　　＊

さて、いよいよ本題です。

川嶋先生に教えてもらったとおり、問題の順に気をつけるように心がけながら、次の問題を黒板に書きました。

> $\frac{1}{2}\ell$の水と$\frac{1}{3}\ell$の水を混ぜます。
> 合わせて何ℓになるでしょう。

子どもたちは、問題を読み上げると次々にわかっていることを出し合います。子どもたちが全体で確認したことは次のようなことでした。

○「合わせて」があるからたし算だよね。

第2章　分数のたし算

○単位が前にやった問題と同じで「ℓ」だね。
○$\frac{1}{2}$ℓの方が多いよね。
○分子がどちらも1だ。
○でも、分母が違う。
○分母が違うということは、等分する数が違っているということだよね。
○通分してやるんじゃない？
○図では表しにくそうだよね。
○数直線ではできるかな。

その中で一人の子どもの声を大きく取り上げました。

$$\frac{1}{2}+\frac{1}{3}=\frac{1}{5}\text{かもしれない}$$

教師　この考えはどうだろうね。
子ども　分母を増やすんだったら、分子も足して$\frac{2}{5}$になるはず。
子ども　量を増やすのに、等分する数を増やすのはおかしいよ。等分する数が大きくなるほど（分母の数が大きくなったら）、細かくなってしまう。
子ども　$\frac{1}{5}$ℓなら、はじめより少なくなっている。

子どもたちは最後の発言に納得したようでした。すぐに、ある子どもが立ち上がって言いました。

子ども　小数に直して何とかできる。

子ども　0.5 + 0.3333…… = 0.8333……。
子ども　でも、はっきりした数じゃないよ。
子ども　やっぱり通分して同じ分割にして足した方がいいんじゃないか。
子ども　2と3の最小公倍数を探そう。

　子どもたちは、はじめに式を立てました。私は授業をする上で、図が先の方がいいのかどうか迷いましたが、これまでに何度も図を書いて確かめてきているので、どちらから考えてもいいと判断しました。

（式）$\frac{1}{2} + \frac{1}{3} = \frac{3}{6} + \frac{2}{6} = \frac{5}{6}$

子ども　答えは、$\frac{5}{6}$ℓだ。
子ども　面積図で確かめてみよう。

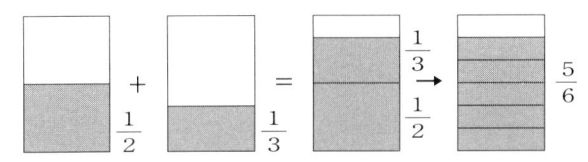

子ども　仲間づくりをしても確かめられるよ。

$\frac{1}{2}$、$\frac{2}{4}$、$\frac{3}{6}$、$\frac{4}{8}$、$\frac{5}{10}$、$\frac{6}{12}$

$\frac{1}{3}$、$\frac{2}{6}$、$\frac{3}{9}$、$\frac{4}{12}$

↓
分母が同じ数になる分数を探す。

教師　今日の問題は「水」だから、横にしたらこぼれてしまうけれど、

第2章　分数のたし算

面積図と同様に考えてみます。このOHPシートを見ていてくださいね。第5時でやったことを思い出してください。
（OHPシート）

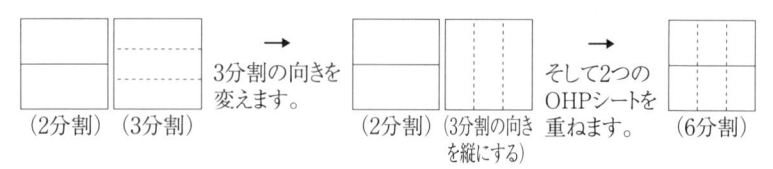

（2分割）（3分割） → 3分割の向きを変えます。 （2分割）（3分割の向きを縦にする） → そして2つのOHPシートを重ねます。 （6分割）

2分割と3分割からは、6分割を作れるんだよね。つまり、2と3の最小公倍数は6ということになるんだね。

OHPシートが重なると、子どもたちは「すごーい！」とびっくりしていました。第5時の時の反応とは全く違います。子どもたちに理解力がついたことを感じました。ここで、練習問題を解くように話しました。約分の学習の時は、学習に喜びをもって取り組んだものの、いざ解いてみようとなると解けない子どもがいたというがあったので、やはりここでも、練習問題を解く時間を別に作り、習熟をはかる必要があると考えました。

練習問題

① $\dfrac{1}{3} + \dfrac{1}{4} = \dfrac{4}{12} + \dfrac{3}{12}$
　　　　　　$= \dfrac{7}{12}$

② $\dfrac{1}{4} + \dfrac{1}{5} = \dfrac{1 \times 5}{4 \times 5} + \dfrac{1 \times 4}{5 \times 4}$
　　　　　　$= \dfrac{5}{20} + \dfrac{4}{20}$

$$= \frac{9}{20}$$

③ $\frac{1}{5} + \frac{1}{6} = \frac{1\times 6}{5\times 6} + \frac{1\times 5}{6\times 5}$
$= \frac{6}{30} + \frac{5}{30}$
$= \frac{11}{30}$

教師 ①から③の計算練習で気づいたことはありますか。
子ども 分母と分母を掛けると最小公倍数になっていると思います。
子ども 分母の数同士を足すと、答えの分子の数になっている。
子ども 分子は2ずつ増えていくんだね。
教師 分母の数を見てみると、3と4、4と5、5と6というように分母数字が連続しているね。連続していないとどうなるかな。これはまた次の時間にしようね。

　練習問題をただやるのではなく、単位分数という問題を意図的に与えて考察することが、次時につながると思いました。

子どものふり返り

○今回の学習で分母の違う分数のたし算をやりました。たし算を式として考えるのは簡単だったけど、数直線や面積図で表すのはむずかしいと思いました。
○ぼくは、面積図を使って、$\frac{1}{2}$と$\frac{1}{3}$を合わせることができるということに驚きました。一番心に残ったのは、小数に直すと割り切れなくて、正確でないものを分数に直すと正確になるということでした。
○ビーカーを横にすると（図）数直線になったりするので、これから

第2章　分数のたし算

みんなが出した図を比べて、どういうところが一緒かをもう一度考えたいです。
○私は分母での仲間づくりをして、分母が同じのに印や丸をして、その分子同士を足すと答えがでるので、やりやすい方法だと思います。

〈川嶋コメント〉

子どもがどうして解けなかったかわかりますか？　6分割の図の説明不足からです。ではどう説明したらよいでしょう。

私の案

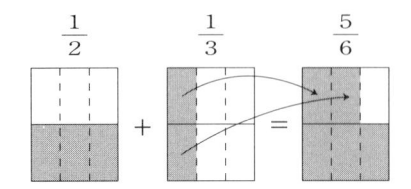

この図のように $\frac{1}{2}+\frac{1}{3}=\frac{3}{6}+\frac{2}{6}=\frac{5}{6}$ にむすびつけたら、子どもたちはわかったと思います。

でも私だったこうします。

53ページで子どもから出た図

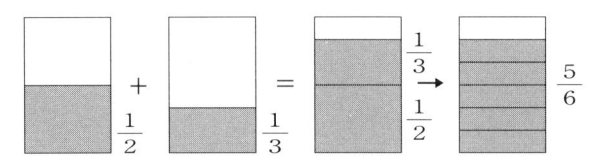

を一本の線を入れるだけでなく下図のようにすべてに横線を入れ（6分割）

第2章　分数のたし算

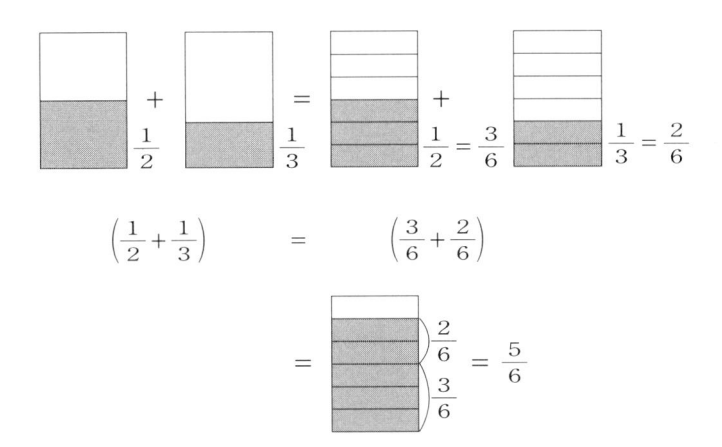

$$\left(\frac{1}{2}+\frac{1}{3}\right) = \left(\frac{3}{6}+\frac{2}{6}\right)$$

$$= \frac{5}{6}$$

上図を使った方がわかりやすいかもしれません。

　そして、ただの$\frac{1}{2}+\frac{1}{3}=\frac{3}{6}+\frac{2}{6}=\frac{5}{6}$という無味乾燥な式の裏側にはこんな具体が隠されているんだ、しかもそれが色紙でもせんべいでも全てのものに含まれているんだということに気づくでしょう。式は表現であるということの意味が、子どもたちによりよくわかるでしょう。

クマッた！

—57—

第2章　分数のたし算

（第3・4時）異分母分数のたし算

　実生活に即した問題を提示することも大切ですが、高学年の問題提示では必ずしも算数が実生活の中にあるものばかりとは限らなくなります。

　生活に直結する問題提示ではなくむしろ、図に書けたり、イメージできたりするような問題、そして、計算過程が見えるような数字に配慮するように心がけました。

> $\frac{1}{4}$㎡と$\frac{3}{8}$㎡の面積を合わせたら、何㎡になりますか。

　子どもたちは、まず問題をノートに書いたあと、「自分の考えを書く時間を授業のはじめにほしい」と言いました。私は「ノートに問題を書く」「自分の考え（見通し）を書く」ことに5分間の時間をかけることにしました。

　5分後、子どもたちは話しはじめました。
① 　たし算を使えばいいよね。
② 　答えの単位は㎡だ。
③ 　8は4の倍数です。
④ 　通分すればいいと思います。
⑤ 　昨日のたし算の考えを使えばいのではないか。分母×分子→最小公倍数。
⑥ 　$\frac{1}{4}$は単位分数だよね。
⑦ 　小数に直せそうだね。

第2章　分数のたし算

⑧　1つだけ通分すればいいんじゃないかな。
⑨　$\frac{3}{8}$の方が大きい分数だ。
⑩　昨日は分子がどちらも1だったけれど、今日の問題は分子が違うよね。
⑪　昨日は分母が3と4、4と5というように連続していたけれど、今日は分母の数が連続していないよね。

　これらの声が次々と発言されるので、板書するのが追い付きません。子どもの声を聞きもらさないように急いで板書しながら、④・⑧に入る前に、昨日の学習からつながる⑤・⑩・⑪についてを先に取り上げようと考えていました。すると、

子ども　これって、$\frac{4}{16}+\frac{6}{16}$でしょう。

と、座ったまま発言した子どもがいました。私はこの発言を聞いて混乱しました。どれから取り上げたらいいのだろうと。
　子どもの思考にスピード感があったので、私は思い切って次の3つを同時に取り上げることにしました。自分が迷っている時間はないと感じたからです。でも、ふり返った時、この授業の仕方がどうだったのかなと思いました。

ⓐ　$\frac{1}{4}+\frac{3}{8}=\frac{4}{16}+\frac{6}{16}$

ⓑ　$\frac{1}{4}+\frac{3}{8}=\frac{8}{32}+\frac{12}{32}$

第2章　分数のたし算

ⓒ　$\frac{1}{4} + \frac{3}{8} = \frac{2}{8} + \frac{3}{8}$

子ども　偶数は、必ず約分できるって、前に誰かが言っていたじゃないか。

　おそらく、あの子のことかな。そう私は考えながら、板書を続けていました。黒板に書いている間も声が飛び交うので、私はかなり慌てていました。黒板に向かっていると、子どもの思考を見逃しそうになってきたので、

教師　ⓐ・ⓑ・ⓒの計算を、誰か最後までやってくれないかな？

　私の言葉に半分くらいの子どもが手を挙げました。今、思えば、計算をする前に、$\frac{偶数}{偶数}$が約分できるということはどういうことかを、もう一度説明させてからの方がよかったのかもしれません。

ⓐ　$\frac{4}{16} + \frac{6}{16} = \frac{10}{16}$
　　　　　　$= \frac{10 \div 2}{16 \div 2}$
　　　　　　$= \frac{5}{8}$

ⓑ　$\frac{8}{32} + \frac{12}{32} = \frac{20}{32}$
　　　　　　$= \frac{20 \div 2}{32 \div 2}$
　　　　　　$= \frac{10 \div 2}{16 \div 2}$
　　　　　　$= \frac{5}{8}$

ⓒ　$\frac{2}{8} + \frac{3}{8} = \frac{5}{8}$

第2章　分数のたし算

　黒板に出て来た3人が計算の仕方をそれぞれ説明し終わると、

子ども　何で、分母に16を使ったのか、わからないので教えてください。

　この子どもは、ⓑは4と8という分母同士を掛けたもので昨日の授業で学んだことだからわかるし、ⓒは4と8の最小公倍数に目を付けたものでわかるけれど、どうして「16」に目を付けたのかという質問をしているのでした。
　分母に16を使って考えた子どもは、そう質問されて、自分がどうしてこう計算したのかについて、「う～んう～ん」と考え困っていました。他の子どもたちもわからない表情をしていたので、

教師　きっと、はじめに大きな数字の8に目がいったんだよね。そして、まず、8の倍数を考えようとした。そして1倍からではなく、2倍で計算してみたんだよね。8×2＝16で16の分母になったら、4の倍数にも16あるって見つけたんだよね。
子ども　そうそう！　それを言いたかったの！　すごいね、先生。

　子どもはそう言って、ホワイトボードを使って、

$$\frac{1}{4} \quad \frac{2}{8} \quad \frac{4}{16}$$
$$\frac{3}{8} \quad \frac{6}{16} \quad \frac{9}{24}$$

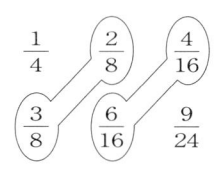

子ども　こう、考えたの！

第2章　分数のたし算

と、言いました。4月にした倍数の学習でも、1倍したものも倍数になることを忘れている子どもが多かったので、復習ができたと思いました。けれども、私はこの内容はこれ以上、取り上げないことにして次に進みました

教師　どれが一番、わかりやすいかな？

　こう聞くと、圧倒的にⓒで、先ほど分母を16にした子どもだけが、ⓐに手を挙げました。すると、ある子どもが、

子ども　だって、ⓒは少ない段で計算がすむから合理的。しかも、約分しなくていいから。

　すると、たった一人ⓐに手を挙げた子どもは、ちょっと意地を張りながら、仕方なさそうな口調で、

子ども　わかりました。わかりました。やっぱりⓒです。

　こう話しました。私はここで、

　教師　ⓐもⓑもⓒも、実はそれぞれに良さがあるんじゃないかな。

と言いました。すると、子どもたちは意外だという顔をして、少し静かになりました。一人の子どもがゆっくりと話しはじめました。

第2章　分数のたし算

子ども　ⓑは途中の過程が書かれている。
子ども　ⓑはなぜそうなるのかがわかる。

　子どもたちは、黒板に書かれたⓐⓑⓒの計算を食い入るように見ていました。

教師　ⓐもⓑも、もしも最小公倍数を見つけられずに大きな倍数で計算したとしても、約分すれば必ずゴールできるってことを証明してくれているよね。

　私は、学級づくりの意味も含めてこのように話しました。
　解答は1つしかないはずだと考えがちだったり、解答からはずれたものは、用をなさないとすぐに見切りをつけたりするのではなく、人が考えてしたことには、自分にも学べる何かが含まれている可能性があるかもしれないことを感じてほしいと思ったのでした。

教師　さて、ⓐⓑⓒの答えが本当に正しいことを証明する時、何を使って考えるとできるかな？

　子どもたちは声をそろえるようにして、図を書けば確かめられると言いました。そして、挙手をした中から一人を指名しました。

子ども　2倍の細かさにして書けば、わかると思います。

面積図

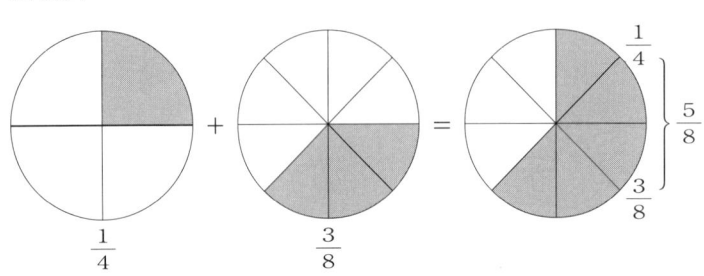

$$\frac{1}{4} + \frac{3}{8} = \frac{5}{8}$$ (面積図による表現、$\frac{5}{8}$ は $\frac{1}{4}$ と $\frac{3}{8}$ の和)

線分図

$0 \quad \frac{1}{4} \quad \frac{4}{4}=1$

$0 \quad \frac{3}{8} \quad \frac{5}{8} \quad \frac{8}{8}=1$

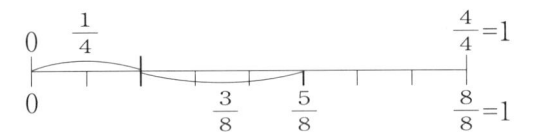

教師 一つの問題から生まれた子どもたち（式・図を指して）は、血がつながる兄弟だから、何かつながることがあると思うよ。

子ども $\frac{1}{4}+\frac{3}{8}=\frac{2}{8}+\frac{3}{8}$

ここで2倍の細かさにしているのが、さっきの図とつながっていると思う。

　私は、図を書いて確かめる時にも合理的なものがあるのだと感じ、より確かめやすい図や数字を用いるとよいことも話しました。

子どものふり返り

〇やり方が⚪︎a⚪︎b⚪︎cの3つ出ました。一番簡単なのは⚪︎cだけで、一番流れがわかるのは⚪︎bです。ぼくは、最初⚪︎aだったけど、最後には⚪︎cに変わりました。ぼくは、一つの式が3つになったから、卵1つから

でもいろんな料理が作れるのと同じようだと思いました。
○ⓐのやり方が出てくれたおかげで、数学にはいろんな可能性があるんだなと思いました。それにⓐからⓒまではたどりつくまでの道のりを模索するためにあり、「人生にも言えることだよ」と言った先生の言葉が印象的でした。以前、「人生は目的への道を楽しむ」というのを本で読んだことがあるのを思い出しました。
○単位がℓでも㎡でも表せることや、たし算をする時は最小公倍数を見つけると一番やりやすいことがわかりました。特に「2倍の細かさ」という発表が、図と式をつなげているみたいで、心に残りました。

　子どもの思考ベクトルが、いろいろな方向に飛び散るのを、どうまとめたり、整理してあげたりするといいのかなと思う場面がたくさんありました。
　今、5月の段階で、私が子どもに関わって手助けをするのは7割以上ですが、1年後には3割くらいになれたらと思います。その手助けの内容にも自信がもてませんが……。
　川嶋先生には、そこのところも含めて、実際の授業でも鍛えてもらいたいと思っています。

〈川嶋コメント〉

1、思わず花丸をしたくなるほど、 教師 の展開の仕方が見事です。
　どの子も生かす意味でⓐⓑⓒを取り上げ、ⓒの最小公倍数の合理を子どもたちに探らせています。しかもその上でⓐⓑも時によって使ってよいことまで、補足しているところは見事です。その成果は〈子どものふ

り返り〉の中にも出ています。

2、教材の配列が見事です。
　$\frac{1}{2}$ℓと$\frac{1}{3}$ℓで最小公倍数が分母同士のかけ算（2×3）ですぐ求められるのを先にやって、次に$\frac{1}{4}$㎡と$\frac{3}{8}$㎡で4×8＝32にしてしまう子もいるだろうという見通しで出題しています。

3、分数のひき算はたし算でじっくりやったので、すぐにわかると思います。同じようなことをむし返すと子どもはあきますのでさっとやってください。

第2章 分数のたし算

（第5時）3口の異分母分数の加減計算

　これまでの2口の加減計算の学習を生かして、3口の計算に取り組むことによって、分数の加減計算のまとめができたらと思いました。
　これまでの学習が生かされるように、単位分数を用いた計算問題を提示したり、整数や小数と同様に交換法則・結合法則が成り立つことを話し合い、確かめる場を作るように心がけたつもりでした。
　この第5時は、オープン研修会でたくさんの先生方に見ていただきました。川嶋先生からも直接ご指導をいただける機会となりました。

　今日はどんな問題に取り組もうかと子どもたちに聞くと、「3口の計算」「4口の計算」という答えが返ってきました。私はそこで黒板に次の問題を貼りました。

> **問題**　ジュースが $\frac{1}{6}\ell$ あります。はじめに $\frac{1}{12}\ell$ 加え、次に $\frac{1}{20}\ell$ を加えました。ジュースは合わせて何 ℓ になりますか。

　一人の女の子が声を出して問題を読みはじめました。その声に続いて問題を全員で読みはじめました。

子ども　じゃあ、まず問題をノートに書こうよ。

　子どもたちは、声をかけ合ってさっさとノートに書きはじめました。

私は「問題は赤で囲むように」とだけ付け足して話しました。

子ども　どうしたの？　みんな書いたよね。わかっていることとか話して、いつもみたいに盛り上がろうよ。

　こう言った子どもは、元気いっぱいでおしゃべりが多くて注意を受けている子どもでした。しかし、何度も公開を経験してきてわかっていることは、たくさんの先生方に囲まれて緊張しているのをほぐしてくれるのは、いつもそういう子たちだったということです。元気がいい子どもは、周りにあまり左右されず、いつでも元気エネルギーを放散します。
　こういう子どもが時に良い影響を与えてくれる存在であることを心におき、普段の授業の時も、このような子どもの存在を教師の力で、簡単に封じ込めてしまうことのないように心がけています。

子ども　わかっていることは……この問題は、たし算ってことだよね。
子ども　単位はℓってこと。

　倍数・最小公倍数・分母が全部偶数・分子が全部1・単位分数・答えが約分されるかもしれないなどが出てきました。面白かったのは、昨日の学習と大きく違うことで、この問題は計算の順番が決められているということでした。計算上の交換法則は成り立つけれど、「はじめに」とか「次に」という言葉が証拠になっているという国語的な考えです。
　また、2と4と8では8が通分した分母の数になるけれど、今回は6と12と20というように、20がハードルになっているという発言もありました。この発言には「ああ！（本当だ）」というどよめきが起こりました。

第2章 分数のたし算

　そこで私は、「20が通分しにくいの？ じゃあ、通分する時に20をどうすればよいのか考える時間にしよう。これを目玉にしよう」と子どもたちに話しました。

　5分間の個人学習のあと、自分の考えをもてなくて時間がもう少し欲しい人はいないかどうかを確かめてから、授業を再びスタートさせました。

子ども　（OHPシート2枚）これを重ねると $10 \times 6 = 60$

子ども　何で60になるの？

子ども　だって、6と10の最小公倍数は60でしょ？

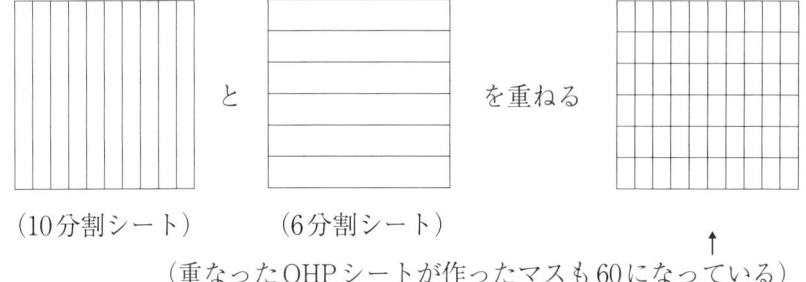

（10分割シート）　と　（6分割シート）　を重ねる

（重なったOHPシートが作ったマスも60になっている）

子ども　そして、$\frac{10}{60}$ と $\frac{5}{60}$ と $\frac{3}{60}$ の分を色をぬります。これを数えると $\frac{18}{60}$ になって、約分ができます。

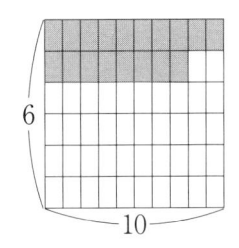

子どもは18個分に色をぬりました。

第2章　分数のたし算

子ども　ぼくは違うやり方で、倍数を使ってやってみました。

$\frac{1}{6}$は$\frac{2}{12}$、$\frac{3}{18}$、$\frac{4}{24}$、$\frac{5}{30}$……㊲$\frac{10}{60}$

$\frac{1}{12}$は$\frac{2}{24}$、$\frac{3}{36}$、$\frac{4}{48}$、㊲$\frac{5}{60}$

$\frac{1}{20}$は$\frac{2}{40}$、㊲$\frac{3}{60}$

それで、この3つを足すの。

$\frac{10}{60}+\frac{5}{60}+\frac{3}{60}=\frac{18}{60}$だと思います。

　文章問題が出てくると、いつでもまず立式という考え方はどうかと思います。練習問題をどんどん解く時間でない限り、図を書くことによってイメージして、意味を大切にしてから立式をしてもいいと思うのです。形にはめて力をつけることがありますが、形にとらわれすぎてはいけないといつも気をつけています。

　子どもたちから、通分された式が出てきたので、ここで図と式のつながりを確かめようと思いました。

教師　この基の式は？

子ども　$\frac{1}{6}+\frac{1}{12}+\frac{1}{20}$

教師　分母は何を意味するの？

子ども　等分された数。分割されている数。

子ども　さっきの図の全部の数。

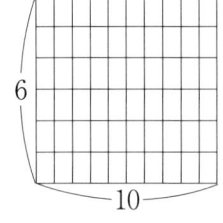

教師　このシートは全部で60だよね。
確かに60等分されているよね。

—70—

第2章　分数のたし算

　この時、約分について子どもが発言しましたが、私はここでは取り上げずにシートについて他の考えをもっている子どもに発言を促しました。

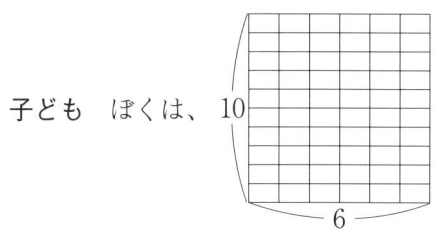

子ども　ぼくは、このようにシートを重ねました。

子ども　さっきと違うよ。シートを間違っているんじゃない？
子ども　あれっ。数が多いよ。
教師　分割されている数が違うの？　じゃあ、一緒に数えてみましょう。
子ども　1、2、3……。あれっ！　同じだ。何で？
子ども　あっ！　向きを変えただけなんだ。

　さっきのは縦×横が6×10のもので、今のは10×6のものでした。「こちらの方が何だか見やすい」とつぶやく子どももいました。

教師　2枚重ねたうちの6分割のシートを下からぬくと……。

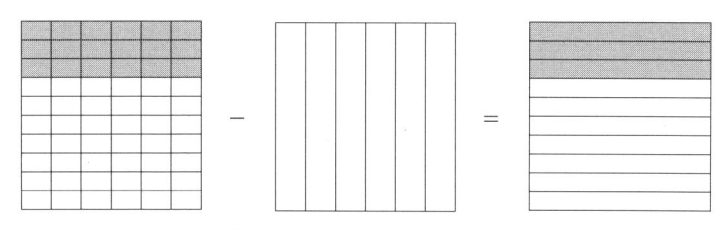

（6分割のシートだけをぬく）

10分割だけのシートが残り、$\frac{18}{60}$が$\frac{3}{10}$になることが、一目でわか

—71—

るでしょ!?

子ども あっ！ 本当に$\frac{3}{10}$になってる。

子ども 約分して$\frac{18}{60}$は$\frac{3}{10}$になります。$\frac{3}{10}$は代表です。だから、$\frac{18}{60}$と数の大きさは同じです。

教師 じゃあ、今、みんなが図を使ってくれたことを式で表して確かめようね。

$$\frac{1}{6} + \frac{1}{12} + \frac{1}{20} = \frac{10}{60} + \frac{5}{60} + \frac{3}{60}$$
$$= \frac{18}{60}$$

子ども 答えの分子・分母のどちらも6で割れる。

子ども 最大公約数は6

子ども 最大公約数で割るといい。

子ども 授業のはじめに予想したとおり、最大公約数やわり算が使われているね。

みんなで確かめ合ってから、約分をして、$\frac{3}{10}$という答えを出しました。まだ、何か言いたそうな子どもがいることに気づきました。そこで、私は、「他のやり方は？」と聞きました。すると、すぐに一人の女の子が立ち上がりました。

子ども まず、$\frac{1}{6}$と$\frac{1}{12}$を通分して足します。

女の子は黒板に出て来てこのことを式で書きはじめました。自信をもっているようで、力強くチョークの音が教室に響いていました。

第2章　分数のたし算

$$\frac{1\times 2}{6\times 2}+\frac{1}{12}=\frac{3}{12}$$
$$\frac{3}{12}+\frac{1}{20}=\frac{3\times 5}{12\times 5}+\frac{1\times 3}{20\times 3}$$
$$=\frac{15}{60}+\frac{3}{60}$$
$$=\frac{18}{60}$$
$$=\frac{3}{10}$$

書き終わるか書き終わらないかのうちに、ある子どもが次のように発言しました。

子ども　$\frac{3}{12}$というのは約分できて、4×5で20になるから、5倍するだけですんで、早く計算できると思うんだけど。

私はこの発言をここでは取り上げずに、わかりづらくなったこの何本もの式を一本にできないものかと全体に話しました。この考えを生かすには、式を一本化してからの方がよいと判断したからです。

子ども　かっこを使うと一本の式にできると思います。

$$\left(\frac{1}{6}+\frac{1}{12}\right)+\frac{1}{20}=\frac{3}{12}+\frac{1}{20}$$
$$=\frac{15}{60}+\frac{3}{60}$$
$$=\frac{18}{60}$$

私は、子どもが黒板に書いている時に、「最初に$\frac{1}{6}$と$\frac{1}{12}$を混ぜたのだから、かっこを使ったのですね」と付け足しをしてあげました。

第2章　分数のたし算

　確かに、一本の式になっていますが、「12と20の通分ではなく、4と20の通分をする」という先ほどの発言が生かされていませんでした。私は、$\frac{3}{12}$の約分についての発言を生かすように助言しました。すると、黒板に出ていた子どもは混乱して、次の子どもにバトンタッチさせることを促しました。私は、内心、張り切って前に出て来てくれたこの子どもにがっかりさせてしまったろうかと思いました。もしかしたら、この子どもを黒板の前に立たせたまま、みんなから教えてもらいがら解決させるというやり方もあったかもしれません。しかし、私は、授業の山場の前であるここは、むしろぐんぐん進んでいった方がよいと思い直していました。

　次にバトンタッチされた子どもは、みんなにわかりやすく黒板に書いていきます。

$$\left(\frac{1}{6}+\frac{1}{12}\right)+\frac{1}{20}=\frac{3}{12}+\frac{1}{20}$$
$$=\frac{1}{4}+\frac{1}{20}$$
$$=\frac{5}{20}+\frac{1}{20}$$
$$=\frac{6}{20}$$
$$=\frac{3}{10}$$

　子どもたちは、「こんなやり方もあるのか」「最後に通分をしないで途中で通分してもいいんだ」「途中で1回約分できるのならしておいた方が、数が大きくならなくてすむんだ」、などと笑いながら話していました。その笑い声で教室がぱっと明るくなったように思いました。

　2回に分けて通分するやり方と、1回でまとめて通分するやり方があ

－74－

ることを学ぶことができた場面でした。混乱が理解を深める時もあります。スマートに学習することで、理解がスムーズにいくこともあります。どちらがどんな時にいいのか、まだ、私は確信をもてずにいます。

教師 面積図も式も出たね。あと、他のやり方があるとしたら？
子ども 数直線。
教師 この面積図から、数直線の図に変えられる？

　少し間があきましたが、周りの様子を伺ってから、「ぼくは……」と黒板に出て来て線を書きはじめた子どもがいました。
　その子どもの線の引き方が雑だったり、線が一本足りないことをジョーク交じりに言う子どもがいて、またまた笑いがおこりました。子どもたちがリラックスしているのを感じました。

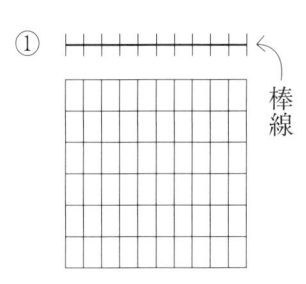

① 　　　　　　　　　男の子は、面積図の横の目盛りに対応する
　　　　　　　棒線　ように、縦に10本の線だけを引いていました。しかし、横の棒線がなかったので、これは私が付け足しました。その線を見て、みんなは「ああ、わかった！」と納得していました。

子ども 先生！　縦に切ると長くなるよ。

　この子どもの発言に教室のみんなは納得の表情から、「えっ？　何を言っているの？」と言った疑問の表情に一変しました。ここで私は昨夜、

第2章　分数のたし算

秋田に着いたばかりの川嶋先生と一緒に、何度も何度も切ったり貼ったりして作った教材を使いました。

↓この縦方向に10本切る。それを横に10本つなげていく。

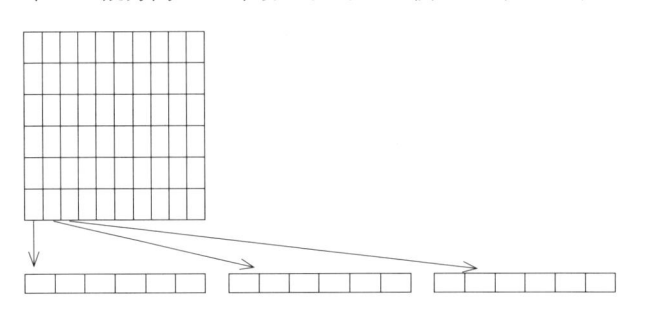

このように、10本つなげていきます。

やんちゃな男の子2人が、張り切って前に出て来て、10本をつなげる手伝いをしてくれました。ていねいにかわりばんこに黒板に貼ってくれている姿が、6年生の男の子にしてはとても可愛らしく見えました。黒板の端から端までの長さになるのを見ていた子どもたちは、「長ーい！」「でかい！」「へびのようだ！」などとにぎやかに言って、うれしそうでした。子どもたちは意外な展開に驚き、新しい発見に喜んでいるのがわかりました。黒板に出て来た子どもは発表をしはじめました。

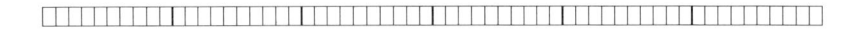

子ども　こうすると、約分みたいなことも考えられると思います。60を10ずつに分けたので、6こで1つだから、60のうちの18でしょ。10本のうちの3本とも見ることができるでしょ。

第2章　分数のたし算

　「よく考えたなぁ……」
と、子どもをぼんやり見ている私に、川嶋先生が低くかがみながら近づいて来てくださいました。
　「つなぎを忘れないで！」
　小さいけれどもはっきりした声で、私に言ってくださいました。私は、はっとして気持ちを入れ直しました。

教師　共通してることがあるね。どこにも$\frac{18}{60}$があるでしょ。
子ども　長い10のうちの3という$\frac{3}{10}$もあると思います。
教師　面積図にも、式にも、数直線の図にも、確かにあるね。
子ども　$\frac{18}{60}$も$\frac{3}{10}$も式にも図にもある。
子ども　これが省略されたものが、①の図（75ページ）で、コンパクトになったものなのだと思います。

　川嶋先生でしたら、どんなつなぎをしたでしょうか。私は正直なところ自信がありませんでした。これでよかったのかなと心配でした。
　時計を見ると、45分に近くなっています。私はここで机間指導の時に見つけた一人の子どもの発言を促しました。

子ども　ぼくは、みんなと違って、もっと簡単にできる方法を見つけました。前の学習で、単位分数のことについてわかったことがありましたよね。その学習を使えば、簡単にできます。
　　　　連続した数字の分母での単位分数のひき算をすると、答えは単位分数になることを学習しましたよね。

—77—

第2章　分数のたし算

$$\left.\begin{array}{l}\frac{1}{6}=\frac{1}{2}-\frac{1}{3}\\[4pt]\frac{1}{12}=\frac{1}{3}-\frac{1}{4}\\[4pt]\frac{1}{12}=\frac{1}{4}-\frac{1}{5}\end{array}\right\}\text{このことを使って式を変えます。}$$

$$\begin{aligned}\frac{1}{6}+\frac{1}{12}+\frac{1}{20}&=\left(\frac{1}{2}-\frac{1}{3}\right)+\left(\frac{1}{3}-\frac{1}{4}\right)+\left(\frac{1}{4}-\frac{1}{5}\right)\\&=\frac{1}{2}-\frac{1}{5}\\&=\frac{5}{10}-\frac{2}{10}\\&=\frac{3}{10}\end{aligned}$$

$$\boxed{\begin{array}{c}-\frac{1}{3}+\frac{1}{3}\\[4pt]-\frac{1}{4}+\frac{1}{4}\end{array}}\quad\text{これで0になります}$$

　この発表が終わった時、みんなから拍手がおきました。私は、この一度だけの説明だけではよく理解できないでいる子どものために、$\frac{1}{6}$に $\boxed{\frac{1}{2}-\frac{1}{3}}$ のカードを、$\frac{1}{12}$に $\boxed{\frac{1}{3}-\frac{1}{4}}$、$\frac{1}{20}$に $\boxed{\frac{1}{4}-\frac{1}{5}}$ のカードをおきかえ、考えやすくしました。

　そして、$-\frac{1}{3}+\frac{1}{3}$、$-\frac{1}{4}+\frac{1}{4}$という部分が気になったので、減った分が取り戻されると0になるということを説明として加えました。

子ども　約分を一度もしていない方法があるんだ。

　授業のはじめと違った表情をしないで、納得した子どもたちを見つけました。ここでふり返りをしようと思いました。

教師　今日の授業での自分にとってもお宝は何かな？
子ども　単位分数みたいに、前の学習を生かしていました。
子ども　（　　）を使うやり方のよさを分数の学習でも見つけることができました。

子ども 面積図や式とか、数直線とか、みんなぐるっとつながっているのがわかった。合理的なよさも見つけることができた。

　子どもたちがたくさんの考えを出し合って、つなげることで興味が深まり、理解が深まっていくことをこの授業でとても感じることができました。私は心から子どもたちに言いました。

教師 みんな、よくがんばりましたね。

　子どもたちの顔は、一瞬、緊張から解き放たれて、満足した表情に変わりました。

　授業が終わったあと、このようなことを書いている子どもたちを見つけました。

子どものふり返り
　○面積図が数直線に直ったり、式で答えが出たりと、いろんな方法があり、とにかく驚きました。
　○私にとってもお宝は、60等分して、その数直線が作れるということでした。面積図の見方ではなく、数直線の見方もあってすごいと思いました。
　○図から図につながったり、友達が「わからない」と言ったところをみんなで解決できたことがうれしかった。

　前の日、川嶋先生が60分割した紙をどうすれば、20の通分の仕方で

第2章　分数のたし算

もわかりよくできるのかを考え、パズルのように組み合わせようとしていました。「わからない子どもが必ずいると思う。その子がわかる図はどんな図だろう」、そう川嶋先生はつぶやいていました。一度も会ったこともない子どものために、こんなに考えられるエネルギーはどこからくるのでしょうか。

　自分がずいぶんエネルギーがないと感じました。子どもの思考の強化は、考え方を反復することにあると思っていました。そのことも大切ですが、今回、新しい目をもつことになったのは、子どもが出した考えをつなげていく授業ということでした。点と点を結ぶという意味のつなげではなく、今回私が見たのは、自分たちが、自分たちの力で見い出したものを積み上げていくといったような地道なつなげでした。

　また、授業後の検討会では、教師仲間の京野真樹先生から、「前時の課題からすると、通分が2回含まれている今回の課題はホップ、ジャンプという感じがした。ステップがないと思う。$\frac{1}{20}$の20に子どもの思考は止まっていたようである。$\frac{1}{20}$だと面積図の分割が等分にしていく発想ではできないからだと思われる」と発言してもらいました。

　その発言の時、階段を二段飛びなどせずに、一つひとつ上らせてあげるために、どんな教材・教具を準備したらよいのかを必死に考えて、アドバイスしてくださる川嶋先生の言葉を思い出しました。

　今回、川嶋先生に直に教わることができて、授業への考え方が広くもてた気がします。子どものつまずきを紐解いてあげることに喜びと生きがいをもっていらっしゃる先生の姿が、私の心に強く残りました。私は自分がこれからしなくてはいけないことがたくさんあることを感じます。自分の足で一つひとつのぼるように学び続けたいと思います。

第2章　分数のたし算

〈川嶋コメント〉

　過日はたくさんのことを学ばせていただきありがとうございました。21日（日）に私の家で行っている学習会で、異分母の＋・－が話題になりました。

　ホップ $\left(\dfrac{1}{2}+\dfrac{1}{4}+\dfrac{1}{8}\right)$ 面積図が書きやすい。

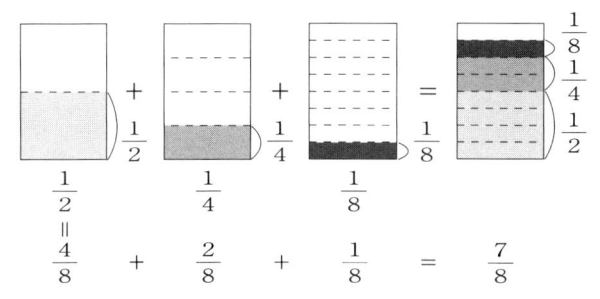

$$\dfrac{1}{2} = \dfrac{4}{8} \quad + \quad \dfrac{1}{4} = \dfrac{2}{8} \quad + \quad \dfrac{1}{8} \quad = \quad \dfrac{7}{8}$$

線分図はすぐにつながる。

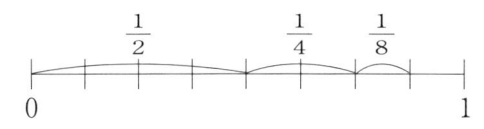

第2章　分数のたし算

ステップ $\left(\dfrac{1}{3}+\dfrac{1}{6}+\dfrac{1}{10}\right)$ 面積図はやや書けるが線分図は書きにくい。

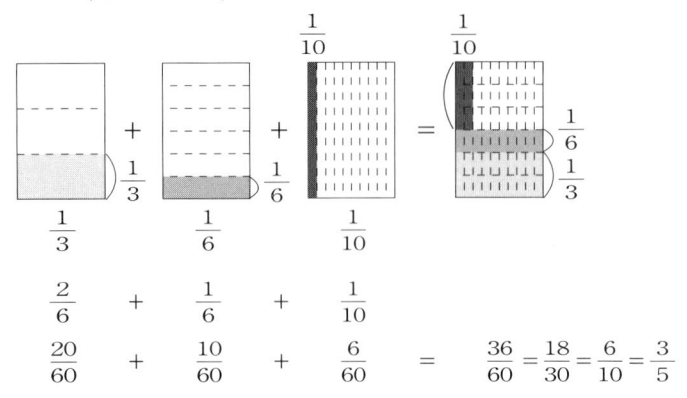

$$\dfrac{2}{6} + \dfrac{1}{6} + \dfrac{1}{10}$$

$$\dfrac{20}{60} + \dfrac{10}{60} + \dfrac{6}{60} = \dfrac{36}{60} = \dfrac{18}{30} = \dfrac{6}{10} = \dfrac{3}{5}$$

ジャンプ $\left(\dfrac{1}{6}+\dfrac{1}{12}+\dfrac{1}{20}\right)$ 面積図で困ってしまう。

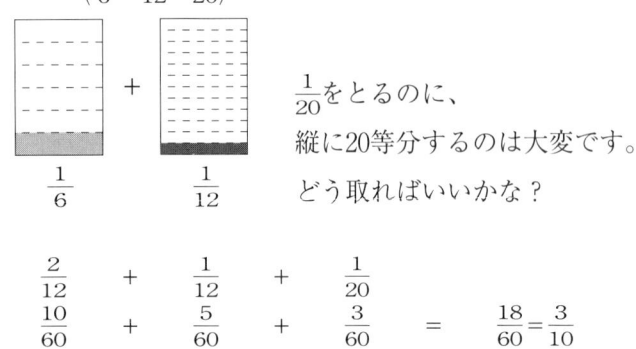

$\dfrac{1}{20}$ をとるのに、
縦に20等分するのは大変です。
どう取ればいいかな？

$$\dfrac{2}{12} + \dfrac{1}{12} + \dfrac{1}{20}$$

$$\dfrac{10}{60} + \dfrac{5}{60} + \dfrac{3}{60} = \dfrac{18}{60} = \dfrac{3}{10}$$

　ですから、ここは面積図を椎名さんの授業のように通分して60等分した方がわかりやすいだろうという考えが、学習会の仲間から出ました。ホップのところで面積図、線分図、計算をやりステップ、ジャンプの問題ではもう通分して計算し、その確かめとして、面積図、線分図を使うようにしたらどうですか。自由にお考えください。

第3章

分数のかけ算

第3章　分数のかけ算

　分数のかけ算の授業に入る前に、川嶋先生から次のようなアドバイスをいただきました。

〈川嶋コメント〉

かけ算を使う時、例　2×3（自転車のタイヤの数）
① 　2×3＝2＋2＋2（和として）
② 　1当たりの量がいくつ分　2こ×3台
　　タイヤは1台で2こ、3台分で6こ。
　　×の意味は和ではない場合がある。和として考えると、2×0.5ではわからなくなる。2を0.5足すとは？
　　タイヤは1台に2こ、0.5台分（半台分）では、2こ×$\frac{1}{2}$の時も同様。
③ 　面積＝縦×横
　　教科書のように、縦2cm^{2}で、それが横に3つ並ぶから公式の縦×横にどうもっていくか。むずかしいです。
　　それより、縦2cm横3cmに囲まれた広さで縦×横。×にそんな意味があると考えた方がわかりやすい。

　体積の場合も同様です。
$\frac{2}{7}$kgが3つ分の問題は、①②を使えば考えなくてもすぐにできます。
　　　$\frac{2}{7}$kg　　$\frac{2}{7}$kg　　$\frac{2}{7}$kg
　　　1枚　　　1枚　　　1枚
　　・$\frac{2}{7}+\frac{2}{7}+\frac{2}{7}$
　　・$\frac{2}{7}$kgが3つ分→$\frac{2}{7}$kg×3

第3章　分数のかけ算

$\frac{2}{7} \times 3$ の解き方

①　$\frac{2}{7} \times 3 = \frac{2 \times 3}{7} = \frac{6}{7}$

　計算のやり方（答えは$\frac{6}{7}$kg）を教えてしまって、次に答えが正しいか証明を考えてごらんと展開する方法。

②　実際に教科書に載っているけんじ・ゆみのように発見させるか。
　（計算の方法を発見させる）

どちらがあなたのクラスの子に向いていますか。
　①の方法だとパターンを覚えての証明ですから、スカッとします。かなり理解困難な子どもでも計算がインプットできます。
　②は、理屈が先になってごちゃごちゃするので、面倒でわからなくなってしまう場合があります。でも、ものごとを論理的に考えるクラスでしたら、②は使えます。

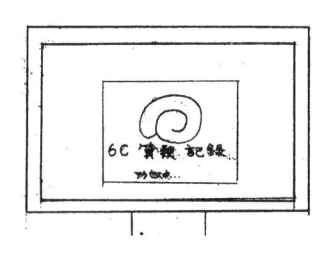

第3章　分数のかけ算

（第1時）分数のかけ算（分数×整数）

　私は、川嶋先生から①・②のどちらの方法でいきますかということがなかなか自分で決められず、子どもの発言の流れに任せることにしました。そして、取り上げる分数を答えが確かめられる、小数に変化可能な分数にしました。また、1ℓを基にすることを考えないと解けないような問題提示にも挑戦したいと思いました。

> 1人に1ℓ入るジョッキを渡しました。
> オレンジジュースを$\frac{2}{5}$ずつ入れてあげました。
> 3人に配った時の量はいくらでしょう。

子ども　あれっ？　先生、$\frac{2}{5}$ℓ？　$\frac{2}{5}$？
子ども　先生が単位をつけるのを忘れたんでしょ。
教師　単位がないとよくないよね。
子ども　えっ、でも、単位がなくてもいいんじゃない。
子ども　どうして？
子ども　1ℓのジョッキに$\frac{2}{5}$を入れたってことでしょ？　だから、$\frac{2}{5}$ℓということ。
教師　$\frac{2}{5}$の基になっているのは？
子ども　……。
教師　前にやったじゃない！
子ども　1が基になっている。
子ども　1ℓが基になっている。

第3章　分数のかけ算

教師　そうだよ。忘れちゃった？

　私はここで、もう一度、1ℓのうちの$\frac{2}{5}$なのだということを確かめ、基になる1の大切さを念を押しました。
　「じゃあ、気づいたことをノートに書いてから、発表し合おう」と子どもが声をかけました。数分したら、「書いたかな」とか「もう、進んでもいい？」とかいう声が上がり、発表がはじまりました。

　○式はわり算でできる
　○式はかけ算でできる
　○式はたし算でできる
　○$\frac{2}{5}$ずつ入れてあげたという意味があやふや
　○1ℓより少ないものを3つ足すので、答えは3ℓよりは少ない
　○$\frac{2}{5}$が3つ分の合計を出す

教師　「式はわり算」ってどういうこと？
子ども　それって間違いでしょ？
子ども　2÷5＝0.4ℓが3つ分ということだ。
子ども　小数に直すのにはわり算が使われるということだね。
子ども　0.4×3＝1.2　　A. 1.2ℓ
子ども　1.2　＝$1\frac{2}{10}$（帯分数）＝$\frac{12}{10}$（仮分数）
　　　　　　　　＝$1\frac{1}{5}$（約分）
　　　　　　　　＝$\frac{6}{5}$　　　　A. $\frac{6}{5}$ℓ
子ども　答えはわかったけど、$\frac{2}{5}$ずつ入れるってわかんない。
教師　絵にしてみたら？

第3章　分数のかけ算

そう言われて、すたすたと男の子が黒板の前に出て来ました。

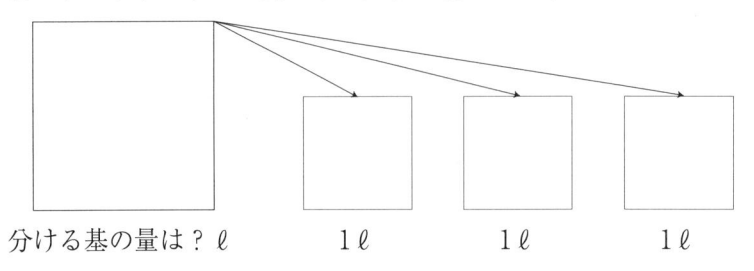

分ける基の量は？ℓ　　1ℓ　　1ℓ　　1ℓ

子ども　$\frac{2}{5}+\frac{2}{5}+\frac{2}{5}=\frac{6}{5}$

　　　　この式を見ると、分母は変わっていない。

　　　　分子の2が3倍になっている。

　　　　だから、$\frac{2}{5}×3=\frac{6}{5}$

　　　　　　　　$\frac{2×3}{5}=\frac{6}{5}$

子ども　分割する数が5で5等分されているものを考えているから、分母は変わらないんだよね。

子ども　ちょっと面倒なんだけど……。

　　　　$\frac{2}{5}$を2つに分けると、$\frac{1}{5}$が2つできるよね。

　　　　3（ジョッキの数）×2（割った数）＝6で、$\frac{1}{5}$が6つある。

　　　　だから、答えは$\frac{6}{5}$です。

　XやYと言った文字式を使って考えようとする子どももいたが、私は、理解が浅い子どもには混乱を招くと思い、あえて大きく取り上げませんでした。

　その代わり、「これからわかることってなんだろう」と話しました。

第3章　分数のかけ算

（子どもの発言）
〇量×個数＝全体の量
〇「ずつ」×「人」＝全体
〇分数×個数＝$\frac{分子 × 個数}{分母}$ → $\frac{分子}{分母}$×個数＝$\frac{分子 × 個数}{分母}$
〇$\frac{○}{□}$×△＝$\frac{○ × △}{□}$

　このようなことが出てきました。面積図や線分図にもどった方がよいかと思ったのですが、今日の内容はその必要がないのかもしれないと感じて、ちょうど45分の授業を終わりました。途中で約分する過程が出てくる問題の時に、面積図と線分図を「つなぐ」と思考が深まるのかなと思いました。

　電話で川嶋先生と話しているうち、前時の数字を生かして、子どもたちをはっとさせることはできないものだろうかと考えました。そして、前時の「$\frac{2}{5}$×3」が反対になったらどうだろうと思いました。「$3 × \frac{2}{5}$」だとどうだろうか。かけ算は、掛ける数と掛けられる数を反対にしても答えは同じになることをわかっています。答えはもうわかっているけれど、どうしてそうなるのかということを考えるのにはいいのではないかと思いました。川嶋先生もそうおっしゃってくださいました。
次の朝早く、川嶋先生から、学校にFAXが届きました。

〈川嶋コメント〉

　記録、おもしろく読みました。よく考える子どもに成長しましたね。

第3章　分数のかけ算

【おもしろかったところ】
① $\frac{2}{5}\ell$？　$\frac{2}{5}$？
　1ℓが基になっているから、$\frac{2}{5}$でもわかるということ。
　教師が意図的に$\frac{2}{5}$にしたのですか？　そうだとしたら、立派！
②「じゃ、気づいたことをノートに書いてから発表しよう」という子どもの意見は個人学習を要求しているのです。ここで、徹底的に考えさせてください。個が強くなって（個の確立）集団が生まれるのです。
③「答えはわかったけど、$\frac{2}{5}$ずつ入れるってわかんない」と言った子どもはすごいことを言っています。計算というパターンではなく、具体的にわかりたい。頭だけの理解だけでなく、体で納得したいということです。
　これをしなかったのが、今までの算数（数学）の欠陥。点は取れても意味がわからないということになります。
　計算のパターンのみ覚えさせても、学んだということになりません。

本時は、たし算の概念のみでしたね。次時（整数×分数）は、子どもの意表をついてください。

整数×分数　例、$(2 \times \frac{1}{3})$

教師　$2 \times \frac{1}{3} \rightarrow 2$が$\frac{1}{3}$？
　　　どうする？　2を$\frac{1}{3}$回は足せないよ？

第3章　分数のかけ算

　この質問に多分、子どもたちは困ると思います。計算パターンを知っている子どもは、

　$2 \times \frac{1}{3} = \frac{2}{3}$とすると思います。

　ここからが、子どもたちそれぞれに考えさせるところです。子どもたちは面積図や線分図を使うと思います。もし、子どもだけで出なかったら、2年生にもどって、

　$2 \times 3 = 2 + 2 + 2$

と｜　○○　○○　○○　｜2が3つ分をヒントに与えてください。

　ここは個人個人の学習でじっくり時間をあげてください。

　友達と相談してもよいです。

　この中で組織学習が生まれます。ここまで成長した子どもは、きっとできます。

　分数×整数は簡単ですね。いよいよ整数×分数になると1当たり量のいくつ分の考えが必要になってきます。

　例えば、

> 問題　1㎡の畑に3ℓの水をまきます。
> 　　　$\frac{2}{5}$㎡の畑では何ℓの水が必要ですか。

第3章 分数のかけ算

①

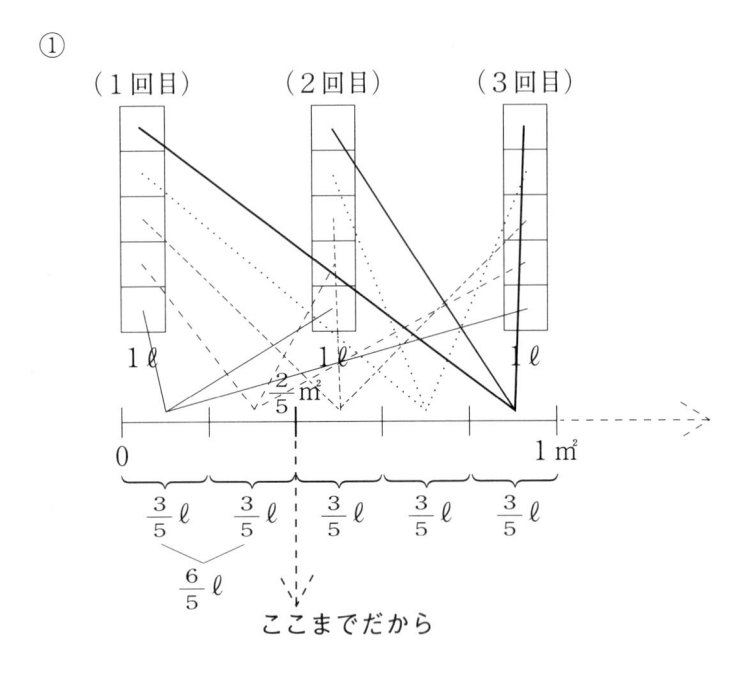

（1回目）　（2回目）　（3回目）

1ℓ　　　1ℓ　　　1ℓ

$\frac{2}{5}$ m²

0　　　　　　　　　　　1 m²

$\frac{3}{5}$ℓ　$\frac{3}{5}$ℓ　$\frac{3}{5}$ℓ　$\frac{3}{5}$ℓ　$\frac{3}{5}$ℓ

$\frac{6}{5}$ℓ

ここまでだから

②

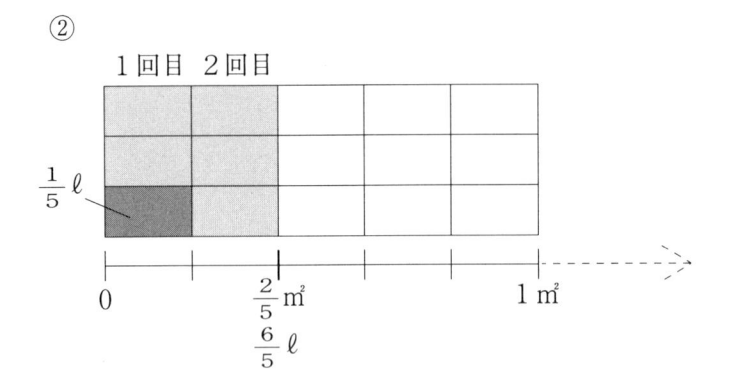

1回目　2回目

$\frac{1}{5}$ℓ

0　　　$\frac{2}{5}$ m²　　　1 m²

$\frac{6}{5}$ℓ

第3章　分数のかけ算

③　②を線分図につなげる

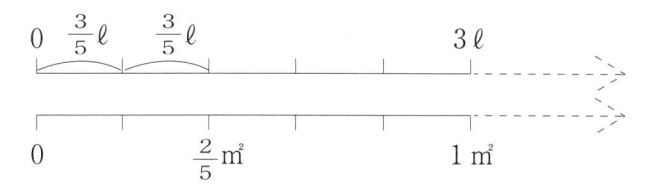

```
0   3/5 ℓ   3/5 ℓ         3 ℓ
├────┼────┼────┼────┤- - ->

├────┼────┼────┼────┤- - ->
0         2/5 ㎡      1 ㎡
```

または、切って線にしてもよい。

何とか、子どもが納得するつなげ方。3ℓのうちの $\frac{2}{5}$ ㎡に対する水量は $3 \times \frac{2}{5} = \frac{6}{5}$ になることは納得します。

①・②・③までは子どもだけで（個人学習）出せると思います。教師はそれを種分けし、どの子の考えも理解できるようにしてください。①〜②〜③〜④〜⑤が難度順で最終的には⑤にいくようにします。

④　$\frac{2}{5}$ → 0.4 ㎡
　　$3 \times \frac{2}{5} = 3 \times 0.4$

⑤　$3 \times \frac{2}{5} = \frac{3}{5} \times 2 = \frac{6}{5}$

となります。④・⑤は少し考えてください。

(1) $3 \times \frac{2}{5}$ の次時の学習（一斉学習）では、子どもたちから出た様々な考え方をつなぎながら、$3 \times \frac{2}{5} = \frac{3 \times 2}{5}$ という計算の原理を理解させることを目標に子どもたちを導いていってください。
　教師の説明でも子どもの発見でもどちらでもよいと思います。

(2) 時間がとてもかかるということですが、いつもいつもこのような授業をしなくても、子どもたちの頭が動き出せば、教師の説明だけでも子どもたちはすっきり理解するようになります。

例えば、$6 \times \dfrac{2}{3} = \dfrac{\overset{2}{\cancel{6}} \times 2}{\underset{1}{\cancel{3}}} = 4$

途中約分など、説明でわかると思います。

(3) 次は分数×分数で、少し時間をとってチャレンジしてみてください。きっと、$3 \times \dfrac{2}{5}$ の時より時間は短縮されると思います。

(4) こうすると練習問題も自分たちでどんどん解くようになるし、わからない時は子ども同士で教え合い学び合ってクリアしていきます。

(5) 分数のわり算では、もっと早く理解することでしょう。これが、子どもたちの頭脳のフル回転、すなわち知能指数まで上がることです。

第3章 分数のかけ算

（第2時）整数×分数

> **問題** 1㎡の畑に3ℓの水をまきます。
> $\frac{2}{5}$㎡の畑では、何ℓの水が必要ですか。

みんなで声を合わせて問題を読んだあと、
「前時と出てくる数字は同じだけれど、大きな違いがわかるかな？」
と問いました。子どもたちはすぐに、
「掛けられる数と掛ける数が反対でしょ?!」
と答えました。

前時は、「$\frac{2}{5}×3$」の問題でした。「$\frac{2}{5}$が3つ分」と考えると、$\frac{2}{5}×3$ $=\frac{2}{5}+\frac{2}{5}+\frac{2}{5}$でたし算を使っても解けますし、イメージしやすい問題です。

しかし、今回の問題は、九九の意味を基に考えると「$3×\frac{2}{5}$」つまり「3が$\frac{2}{5}$つ分」になり、たし算では解けなく、イメージしにくいという難関があります。3が$\frac{2}{5}$倍（0.4倍）ということが問題なのです。

子どもたちが確信をもてたのは、「掛けられる数と掛ける数が反対であること、答えは1倍より小さいわけだから、3ℓより小さくなるということでした。

ただ、かけ算は「掛ける数」と「掛けられる数」を反対にしても答えは同じという考えから、答えは予想できています。だから、中には、「答えは前時と同じだ」と断言する子どももいました。

私は、前時との違いを確かめてから、まず個人学習をさせました。子どもたちは、渡された画用紙にもくもくと書きはじめました。その中に

は、間違った考えもありましたが、全員、自分の考えをもっていました。
　そこで、私はいくつかのグループに分けようと思いました。しかし、子どもたちにグループになってごらんと言ったところで、きっと混乱し、時間が無駄になってしまうと思い、せめて教師がグループに分けてあげたらいいのではないかと考えました。

　　〇面積図で表して考えているグループ
　　〇線分図で表して考えているグループ
　　〇面積図と線分図で表しているグループ
　　〇式のみで考えているグループ

「AさんはBさんのグループに行ってみて」
「あなたは、向こうのグループに行ってみて」
と子どものノートを見た上で、グループにしていきました。短い時間でグループ分けするのは、これで精一杯でした。38人いますので、一つのグループが8人から10人になります。少し多いかなと思いましたが、それをさらに細かく分けるだけの容量が私にはありませんでした。
　「お互いに画用紙を見せ合ってみて。同じところ、違うところを見つけごらん」
と急いだ口調で言いました。
　私はぐるぐる子どもたちの回りを見て歩きましたが、このあと、子どもたちが考えたものをつなげたり対立させたりするのに、私が何をしたらよいのか見えてきません。$\frac{1}{5}$と書かれてあるのがどちらの単位なのか、一瞬、わからなくなります。0.6や$\frac{1}{5}$、$\frac{2}{5}$の数がごちゃがちゃになってきます。しかも、子どもの表現の仕方があまりに多様なので、教師の私

が、じっくり一人ひとりの書いた画用紙を見て考えてからでないと授業ができないと思うくらいでした。

　時間は流れていきます。20分たっても子どもたちの声はやみません。私は子どもに、
「なかなか話し合いが終わらないね」
と何気なく話しかけました。すると、
「グループになってみたけど、もしかしたら、似ているようでも違った考えがあるから、まず一人ひとりの考えを聞いてから、話し合いをしようと思って」
という答えが返ってきました。

　全部のグループがそうでした。私は、グループになって座った子どもたちの上から、画用紙に書かれた数字ばかりを追っていました。耳を傾けたのも部分部分なので、子どもたちがどんなふうに学習に取り組もうとしているのか見えていませんでした。子どもたちは、私がおおよそで分けたグループの中で、自分と本当に同じ考えの友達はいないのかを誠実に探していたのです。

　その時、グループ分けを指示しなければよかったと思いました。そして、川嶋先生が電話で何度も「子どもたちに任せてみなさい」とおっしゃっていた意味がわかりました。私の「親切心」が、かえって子どもの邪魔をしているのです。

　子どもたちは、床に輪になって座り、グループの中で一人ずつ発表をしています。熱心に楽しそうにしている様子に救われる思いがしました。

　はじめのグループは考え方によってさらに分けられたり、まとまったりして、少しずつ変わっていきました。

第3章　分数のかけ算

　子どもたちが出した考えは、次のとおりでした。

A、小数と面積図で考える

　1㎡の畑に3ℓの水をまくのだから、1㎡を5つに分けて考え、そのうちの一区画分の水の量を計算します。

　つまり、3÷5　これが2つ分あるので、(3÷5)×2＝0.6×2＝1.2

　　　1つ分が3ℓ÷5＝0.6ℓ　$\left(\frac{3}{5}\right)$
　　　それが、2つ分なので、0.6ℓ×2
　　　1.2＝$\frac{6}{5}$　　A. $\frac{6}{5}$ℓ

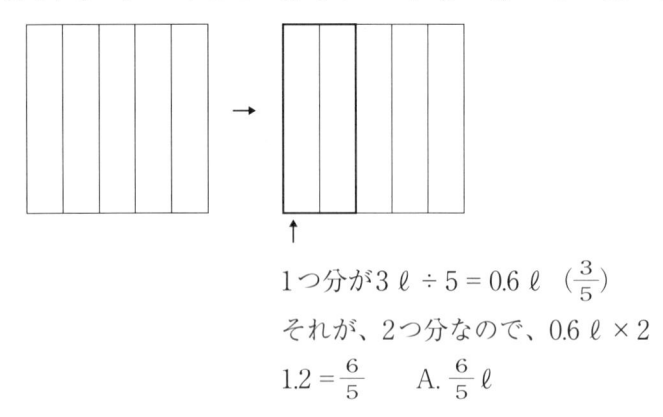

B、小数で考える

　1㎡と3ℓを混ぜて考え、面積を5等分したあとに2倍してしまった考え。
$\frac{1}{5}$＝1÷5＝0.2
0.2×2＝0.4→$\frac{2}{5}$

C、前時のかけ算で考える

　授業のはじまりに確認したことなのに、次のような考えをしている子どもが8人いました。

　　　1㎡→3ℓ
　　　$\frac{2}{5}$㎡→□ℓ

第3章　分数のかけ算

$\frac{2}{5} \times 3 = \frac{6}{5}$　$\frac{6}{5} \ell$

D、小数と分数と面積図で考える

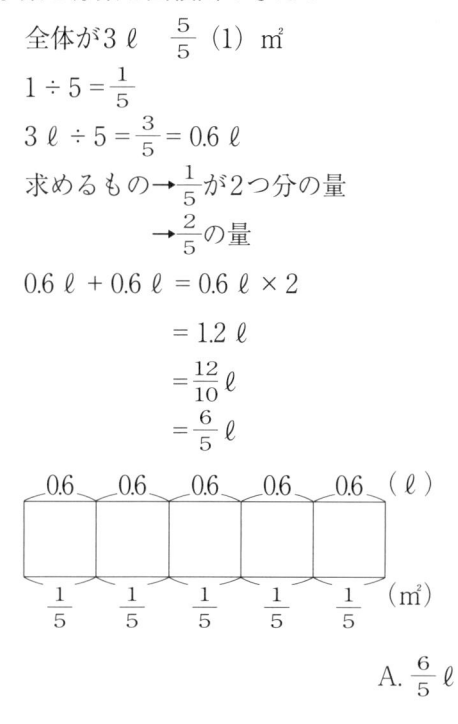

全体が3ℓ　$\frac{5}{5}$（1）㎡

$1 \div 5 = \frac{1}{5}$

$3\ell \div 5 = \frac{3}{5} = 0.6\ell$

求めるもの→$\frac{1}{5}$が2つ分の量

　　　　　→$\frac{2}{5}$の量

$0.6\ell + 0.6\ell = 0.6\ell \times 2$

$ = 1.2\ell$

$ = \frac{12}{10}\ell$

$ = \frac{6}{5}\ell$

0.6	0.6	0.6	0.6	0.6	（ℓ）
$\frac{1}{5}$	$\frac{1}{5}$	$\frac{1}{5}$	$\frac{1}{5}$	$\frac{1}{5}$	（㎡）

A. $\frac{6}{5}\ell$

　まず、AとBについて違うことを話し合いました。その時にDの考えをした子どもたちがAと同じ考えをしていることに気づくことができました。そして、A・Dの考えを基に、Cの誤り（水をまいた面積を求めてしまっていること）について確かめることができました。

　また、同じ面積図でもDからは数直線の図を書きやすいと次のEの考えをした子どもが発言しました。

第3章　分数のかけ算

E、5等分ではなく、10等分して考える

$\frac{1}{10}$単位で考えるとやりやすい。

だから、1㎡→0.1㎡が10個として考える。

3ℓ→0.3ℓが10個

つまり、0.1㎡（1マス）につき、0.3ℓ

（1マスは0.1㎡）

0.3ℓ	0.3ℓ	0.3ℓ	0.3ℓ	0.3ℓ
0.3ℓ	0.3ℓ	0.3ℓ	0.3ℓ	0.3ℓ

$\frac{2}{5}$㎡は、$\frac{4}{10}$㎡である。

0.1㎡を4倍すると0.4㎡（$\frac{2}{5}$㎡）

だから、0.3ℓも4倍して1.2ℓ

になる。

$1.2 = \frac{6}{5}$　　A. $\frac{6}{5}$ℓ

$\frac{5}{5}$の半分は、$\frac{2.5}{5}$　しかし、$\frac{2}{5}$は、$\frac{2.5}{5}$以下なので、3ℓの半分の1.5ℓよりが小さくなる（この部分については、$\frac{小数}{分母}$がむずかしかったので深く取り上げませんでした）。

F、数直線図で考える（①〜⑤の表現の仕方が出ました）

①　　0㎡　　　　　$\frac{2}{5}$㎡　　　　　　1㎡

　　　0ℓ　　　　　□ℓ　　　　　　　3ℓ

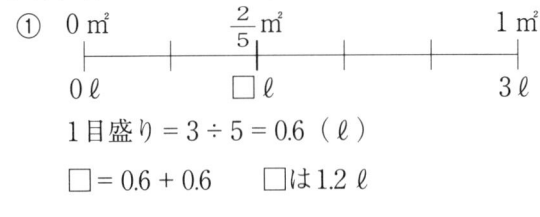

　　1目盛り = 3 ÷ 5 = 0.6（ℓ）

　　　□ = 0.6 + 0.6　　□は1.2ℓ

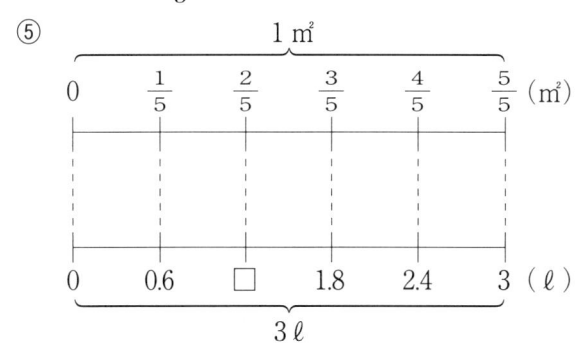

第3章　分数のかけ算

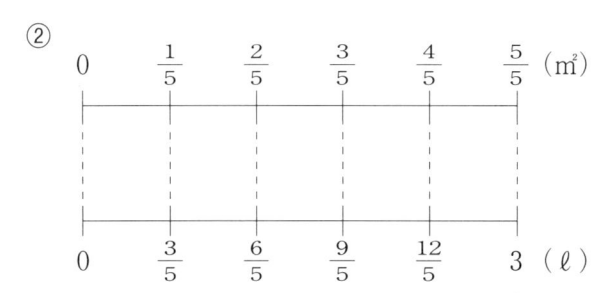

②

だから、$\frac{6}{5}\ell$

③

$3 ÷ 5 = 0.6$

$0.6 + 0.6 = 1.2$　　A. $1.2\ \ell$

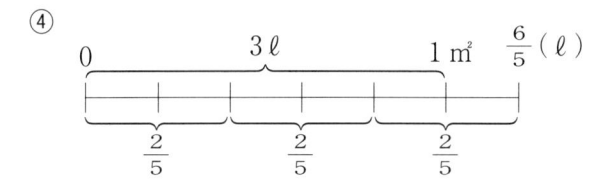

④

だから、$\frac{6}{5}\ell$

⑤

はじめ、どの数直線図も違う考え方だと言っていた子どもも、①・②・③・⑤について、

○分数が小数で表されている。
○1㎡に対応しているのは3ℓである。
○$\frac{2}{5}$に対応しているのは、□や1.2や$\frac{6}{5}$である。

ということが共通していて、表現の仕方は異なっていても、意味が同じであることを話し合うことができました。
　④については、1㎡と3ℓは対応していても、2つの単位を同じ土台にしているから、2つの単位が対応していないからよくないのではないか、と発言する子どもがいました。
　□が使われていたり、表現される数字が違うだけで、惑わされる子どもがいます。子どもたちも、
「数直線の図がたくさん出たけれど、形だけでなく、中身についても一緒に考えなくては、本当のことがわからないもんなんだ」
と言っていました。数直線の構成には、「2つの単位の対応」が重要であることを子どもたちは学びました。
　子どもたちが多くの線分図の中から、正しくてわかりやすいものとして選んだのは③でした。理由は、③は詳しく書かれているからということと面積図とつながるからということでした。教科書についている①は、子どもにとっては情報不足に感じるようで、この数直線図がわかりやすく感じると答えた子どもは全体の$\frac{1}{3}$ほどでした。

第3章　分数のかけ算

AとF③をこのようにつなぎました。

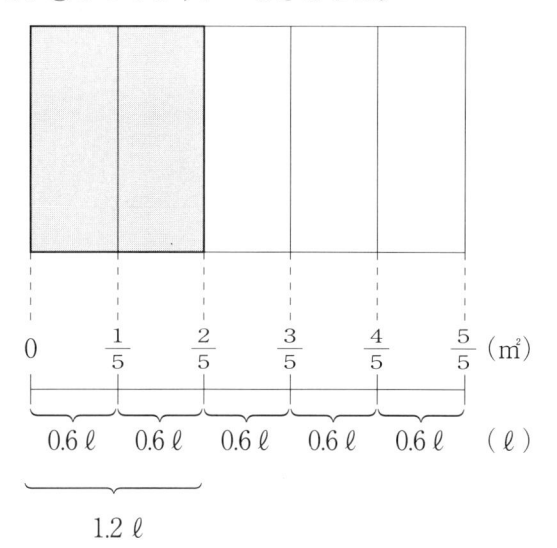

```
0    1/5   2/5   3/5   4/5   5/5 (m²)
 0.6ℓ 0.6ℓ 0.6ℓ 0.6ℓ 0.6ℓ  (ℓ)
 ←―1.2ℓ―→
```

　また、Eの図を半分に切ってつなげるという考えも出ました。これは、「分数のたし算・ひき算」の学習で生まれた考えです。

（1マスは0.1m²）

0.3	0.3	0.3	0.3	0.3
0.3	0.3	0.3	0.3	0.3

（1マス1マスを横につなげる）

↓

0.3	0.3	0.3	0.3	0.3	0.3	0.3	0.3	0.3	0.3

（半分に切ってつなげたものの真ん中に横線を引く）

↓

第3章　分数のかけ算

（数直線図ができる）

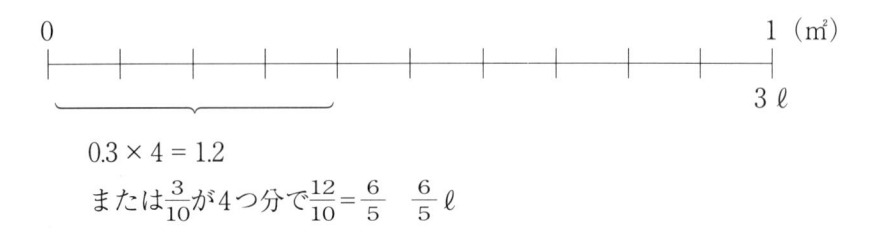

```
0                                              1（㎡）
|---|---|---|---|---|---|---|---|---|---|
_____/
                                              3ℓ
```

0.3 × 4 = 1.2
または $\frac{3}{10}$ が4つ分で $\frac{12}{10} = \frac{6}{5}$　$\frac{6}{5}$ ℓ

しかし、これらだけでは $3 \times \frac{2}{5}$ の計算の仕方の意味がはっきりしません。子どもたちはしばらく考え込んでいましたが、どうも無理なように思いました。そこで、川嶋先生から教えていただいてた図を子どもに提示して、私が説明しながら確かめました。

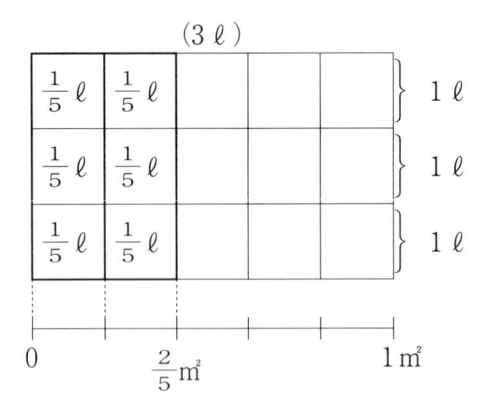

（3ℓ）

$\frac{1}{5}$ℓ	$\frac{1}{5}$ℓ		
$\frac{1}{5}$ℓ	$\frac{1}{5}$ℓ		
$\frac{1}{5}$ℓ	$\frac{1}{5}$ℓ		

各行 } 1ℓ

```
0      2/5 ㎡      1㎡
```

分母の5を意識して $\frac{1}{5}$ℓ を1つ分とするような面積図を書きます。全部で15分割になります。全体は、3ℓになります。この面積図の全体は1ですから、$\frac{2}{5}$ ㎡とは太線の部分にあたるわけです。太線の部分は縦3マス分、横2マス分です。3×2=6
6マス分が答えに当たります。1マスは $\frac{1}{5}$ ℓ です。

第3章　分数のかけ算

つまり、$\frac{1}{5}$の6個分を求めるといいということになります。
$\frac{1}{5} \times 6 = \frac{1 \times 6}{5} = \frac{6}{5} = \frac{(3 \times 2)}{5}$

ここまでを話すと、子どもたちは、
「川嶋先生ってすごい！」
「15個に分割するといいなんて、すごすぎる」
と驚いていました。
　意味に納得すると、
「いつでも使えるように、一般化をしよう」
と子どもから出てきました。

$$□ \times \frac{△}{○} = \frac{□ \times △}{○}$$

　この□や△や○で表されたことを基にして、分数と整数のかけ算も分子に掛けることを念を押すようにして、最後に私がまとめました。
　整数×分数の練習問題をしたあとで、分数×整数の練習問題も解きました。
「簡単、簡単」
とつぶやいている子どももいました。

　この授業を終えてみて、前時からつながると考えていた数字の工夫が、子どもの思考を妨げていることに気づきました。川嶋先生が一番はじめに、「$3 \times \frac{1}{2}$」の数字で問題を考えていました。やはりこの方が、意味を集中して考えることができる数字であったと思います。意味を考える時は、最も簡単な数字にするといいとわかりました。

また、個人学習から組織学習へのむずかしさが改めて見えました。個人学習の中で子どもの考えを見抜いたり、まとめたりすることは思った以上に時間がかかります。どうやってここを乗り越えるのか、先が見えなくなりました。「分数×分数」の意味を考えるところでもう一度挑戦し、はじめから子どもに任せてやってみようと思います。

　川嶋先生にこの授業の概要を伝えると、

　「次の分数×分数の学習は、教師が先にやり方を教えてしまい、あとから本当にそうなるのかを子どもたちに確かめさせる授業がいいですよ。今度は教師主導で、テンポを早くするといいです」

と教えてくださいました。

　教師主導で教えることは、今までの流れからすると、一息つけるような楽な感じがするくらいです。子どもたちはどう感じるか、それもまた楽しみでもあります。

(第3時) 分数×分数

「同じことをしていると子どもは飽きます。教師はいろんなやりかたをして子どもを驚かせたり、喜ばせたりすることが大事よ」
　川嶋先生はそう電話で教えてくださいました。
　今まで授業は、図や数直線などをとおして、意味を考えることに重点をおいたものでした。しかし、この「分数×分数」では、教師主導で計算のやり方を教えてしまい、それを習得したあとで意味を考えるという流れで授業をすることにしたのです。このことは、習得に時間のかかる子どもにとって、混乱なく学ぶことができ、学習の意欲も高めることにつながると思いました。

　分母同士、分子同士をかけ算することを伝え、次の問題を説明しながら一緒に取り組みました。

> 学習のめあて
> 分数×分数の計算ができるようになろう

「この授業は、先生がどんどん進めるよ」と言いながら、黒板にめあてを書きました。子どもたちは「ちょっとつまんないね」とか「へえ」とか言ったあと、静かにノートに書きはじめました。

　私は、次のような5つの段階を考えて授業をしようと思いました。これは、5月に川嶋先生、京野先生から「ホップ・ステップ・ジャンプ」

第3章　分数のかけ算

について、教えてもらったおかげだと思いました。

① 約分のない計算
② 約分が1回ある計算
③ 約分した数字をもう一度約分する計算
④ 全ての数字（4つの数字）に約分がある計算
⑤ 全ての数字を約分したあとでもう一度約分する計算

【問題内容】

① $\dfrac{1}{2} \times \dfrac{5}{3} = \dfrac{1 \times 5}{2 \times 3} = \dfrac{5}{6}$

② $\dfrac{1}{3} \times \dfrac{6}{7} = \dfrac{1 \times \overset{2}{6}}{\underset{1}{3} \times 7} = \dfrac{2}{7}$

③ $\dfrac{1}{3} \times \dfrac{6}{10} = \dfrac{1 \times \overset{2\ \ 1}{6}}{\underset{1}{3} \times \underset{5}{10}} = \dfrac{1}{5}$

④ $\dfrac{2}{7} \times \dfrac{21}{4} = \dfrac{\overset{1}{2} \times \overset{3}{21}}{\underset{1}{7} \times \underset{2}{4}} = \dfrac{3}{2}$

⑤ $\dfrac{4}{7} \times \dfrac{21}{6} = \dfrac{\overset{2}{4} \times \overset{3\ \ 1}{21}}{\underset{1}{7} \times \underset{3\ \ 1}{6}} = 2$

教師 このやり方をどんなふうにまとめようか？
子ども 言葉の式でまとめられると思います。

$$分数1 \times 分数2 = \dfrac{分子1 \times 分子2}{分母1 \times 分母2}$$

この書き方は面白いという反応がたくさん出ました。そのあと、「分数1」「分数2」という表記の仕方は変えたほうがいいという意見が出ました。

$$\dfrac{分子1}{分母1} \times \dfrac{分子2}{分母2} = \dfrac{分子1 \times 分子2}{分母1 \times 分母2}$$

第3章　分数のかけ算

　子どもたちは、一つの考えをわかりやすいように工夫して表すことにも面白さを感じていました。また、□や△を使った一般化をした子どもたくさんいました。

$$\frac{○}{△} \times \frac{☆}{□} = \frac{△ \times ☆}{○ \times □}$$

子どもの感想

○分数×分数は、むずかしいと思っていたのにとっても簡単だった。
○約分を忘れそうなので気をつけたい。
○分数×分数の問題で、一つの問題からはじまって段階があることがわかった。
○問題がだんだん広がっている感じがする。
○いろいろな数字を一般化してわかりやすくすることは、中身を確かめることになる。
○△や○で表すと簡単だ。
○言葉で表すことは面白いと思った。
○分数×分数×分数はどうなるのだろう？　　　　　　　　　　　｝
○帯分数も混じった問題はできるのだろうか？
○分数×分数はどんな時に使われるのだろうか？　　　　　　　　｝疑問
○図や数直線でも表して考えることができるのだろうか？
○わり算になるとどうなるのだろうか？

　いつも子どもの感想は大切なことばかりです。子どもの疑問については、全て授業の中で取り上げようと思いました。
　次の時間は、感想にあった「図や数直線で表して考えることができる

のか」ということをついて取り上げ、どうして分母同士・分子同士をかけてもいいのかを証明することを、みんなで解決しようと話しました。

〈川嶋コメント〉

　すべての子どもが分数×分数をマスターしましたか？
　授業後に子どもたちが出した疑問は素晴らしいと思います。
　まず、第一に、「分数×分数はどんな時に使われるのだろうか」は、教師が提示した方がよいと思います。そして、いくつ分ということで子どもたちはすぐに立式をすることでしょう。そうしたら、前時の計算でAを出します。そこで、本当にその答えで正しいのかを質問すれば、子どもたちの〈図や数直線で表すことができるのか〉という疑問から、様々な証明を考えると思います。ここが楽しみなところで、本時の目標になると思います。使う数字（数量）を適当に考えてください。
　1.問題
　2.立式
　3.計算
　4.答え
　5.証明
の順になります。

第3章　分数のかけ算

（第4時）分数×分数

　前時の学習の終わりに生まれた子どもの疑問の一つとして、「分数×分数はどんな時に使われるのか」というのがありました。算数の問題の中には、日常の現実テーマを文章で表して解答を求める問題と、算数という学問を発展させるための問題の2つ種類があります。高学年になればなるほど、後者の問題が多くなる感じがするのですが、具体的に考えることができるような場をいつももちたいと思っています。

　前時は、分数×分数のやり方を教師主導で教えました。本時は、この計算の意味に迫ります。

　川嶋先生が「私なら、分数×分数のやり方を教えたあとでね。先生が教えたやり方が絶対当たっているなんてわからないわよ。自分たちで確かめてごらん、と子どもたちに任せるのだけれどね」と電話でおっしゃっていました。一件落着したかと思えば、先生が笑顔で仕掛けをしてくる。川嶋先生と学級の子どもの姿を想像しました。楽しくドキドキさせながら、次へ次へと授業が進み、どんどん集中していく子どもたち。川嶋先生がおっしゃるような授業はイメージできるのですが、私はそれになかなか近づくことができません。まるで、山の頂上は見えても、麓にいる私にはその途中が霧で隠されて見えないといった感じです。川嶋先生が近くにいてくださったら……、そんな不安な思いがあっても、とにかく次の授業に向かわなくてはいけませんでした。

第3章　分数のかけ算

> $\dfrac{○}{△} × \dfrac{☆}{□} = \dfrac{△×☆}{○×□}$ のやり方が正しいことを証明しよう。

こう黒板に書きました。すぐに子どもが言いました。

子ども　先生、数字がないとできない。
子ども　まずさ。それぞれ好きな数字を入れてやってみれば、いいんじゃない？
子ども　いいんでしょ？　先生。好きな数字を入れても。
教師　　先生も経験してわかったことなんだけどね、証明する時に使う数字は、できるだけ簡単な方がいいんだよ。
子ども　1とか2とか。
子ども　$\dfrac{1}{2}$、$\dfrac{1}{3}$、$\dfrac{1}{4}$
子ども　でも、みんなが違う数字でやったら、話が合わなくなるんじゃない？
子ども　じゃあ、みんなでそろえよう。
子ども　やっぱり、先生、数字を決めて。
子ども　そうそう。先生、決めて。

　こんな時、川嶋先生ならどうされるのでしょうか。子どもに返すと時間が足りなくなりそうで、私は子どもに言われるとおりに数字を決めてあげました。その数字は川嶋先生から以前、ファックスで授業計画をいただいた時に書かれていた数字でした。

—112—

第3章　分数のかけ算

$$\begin{aligned}\frac{4}{5} \times \frac{1}{3} &= \frac{4 \times 1}{5 \times 3} \\ &= \frac{4}{15}\end{aligned}$$

　問題をみんなで計算し、答えを確かめました。できていない子どもは一人もいませんでした。次は証明です。
　一人ひとり黙々と取り組みはじめました。その姿を見渡しながら、「前時にした失敗を今回こそはしないぞ」と心の中で思いました。今度こそ、子どもたちにグループを決めさせて、時間がかかっても任せてみようと思いました。

教師　そろそろできたら声をかけ合って、友達と話し合ってグループを作ってごらん。

　その声を待っていたかのように、3人の子どもがすぐに立ち上がり、自分が聞きたい相手に合図をしていました。次第に子どもが作る輪ができていきます。その時の子どもの顔は、とっても楽しそうでした。
　楽しそうと言っても、決して遊んでいるのではなく、考えを確かめ合ったり、意見を言い合ったり、知的な追求の姿がそこにありました。
　何かと男女が別々になりがちになることが多いのですが、この時はそんなことなく、むしろ、自然と男女が交じっていくのが感じられました。
　同じ考えをもっていそうな友達同士、見当を付けてまとまったグループの中でもいくつかの考えに再度分かれたりするところに、子どもたちの楽しみがあったのです。この姿を見ていて、私は前回、「自分と同じ考え・違う考えを、子ども同士で見つけ合う喜び」を奪っていたことに気づきました。いえ、前回だけではないかもしれません。日々の学びの

第3章　分数のかけ算

中で気づかないで子どもの喜びを奪っていることが、まだあるのではないかと思いました。

　みんながグループを作っているのに一人で考えていた男の子が、
「うーん。何だか違うような気がするなぁ。でもなぁ。きっとこれだ」
と独り言を言っています。

　私は、この子どもを放ってグループ同士の話し合いを続けることができない気持ちになりました。こんな時、どんなふうに子どもに任せたらいいのでしょう。

　私は迷いましたが、みんなの話し合いを止めて、ホワイトボードに書いたこの男の子の考えをみんなに考えてもらうことにしました。この男の子は、普段もわからないことはわからないと言える子どもです。そして、いつもこの子どもの間違いから、みんなで学ぶことができていました。

子ども（男）　$\frac{4}{5}$ を3つに分けるとこうなります。

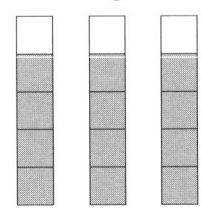

子ども　えっ、それじゃ、$\frac{4}{5}+\frac{4}{5}+\frac{4}{5}$ になるでしょ。
子ども　1が3つあることでしょ。$\frac{4}{5}$ をさらに $\frac{1}{3}$ にするって、もっと細かくなることじゃないのかな。
　子ども　これだと基の1が3つあることになるよ。

第3章　分数のかけ算

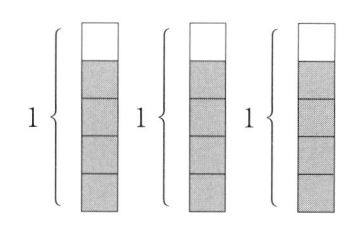

男の子は「わかった。わかった」と苦笑いをしたあとで、黒板に書き直しました。

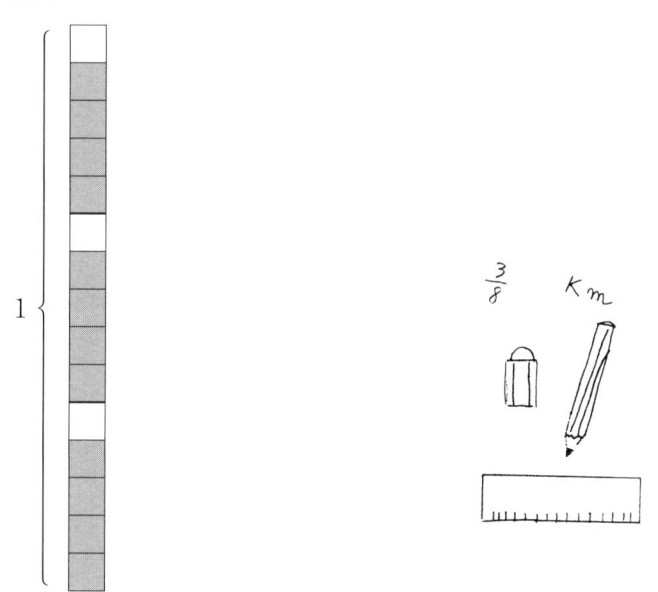

子ども（男）　だから、こうでしょ（上図）。そして、さらにこれを3等分します。

そして、また1つのマス毎に区切りに2本ずつ線を引こうとしました。

第3章　分数のかけ算

子ども　あれ？　分母が45とかになるよ。
子ども　結局、さっきと同じじゃん。
子ども（男）　ああ、わかった。これはだめということですね。
教師　何を1にするかって、とても大切な問題だよね。
子ども　一見、間違っているのが何なのかわからなかった。
子ども（女）　基になる1の$\frac{4}{5}$で、それの$\frac{1}{3}$になる図を書いていいですか。
子どもたち　いいよ。
子ども（女）　この面積図は全体が1です。縦に5等分。横に3等分します。

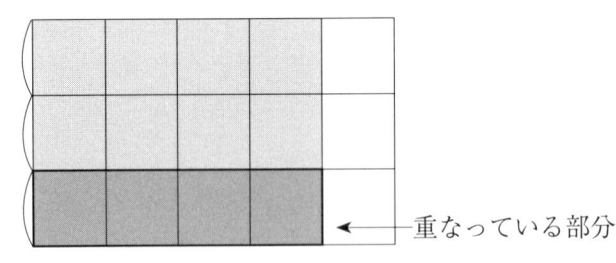

←重なっている部分

重なっている部分をみると、$\frac{4}{5}$になっています。

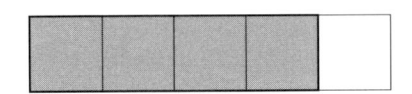

だから、答えは$\frac{4}{5}$で、$\frac{○}{△} \times \frac{☆}{□} = \frac{△\times☆}{○\times□}$というやり方ではできません。

　私はびっくりしました。この女の子はいつも、自分の力で解決していくためのプロセスを大切にできる子どもです。自分のした証明を正直に受け取っているのだと感じました。すると、一番後ろで、そっと手を挙げている子どもを見つけました。算数で発言するのは珍しい子どもです。その表情からは自信が伺えました。

子ども　私は、Aさんと似ていますが、答えが違います。

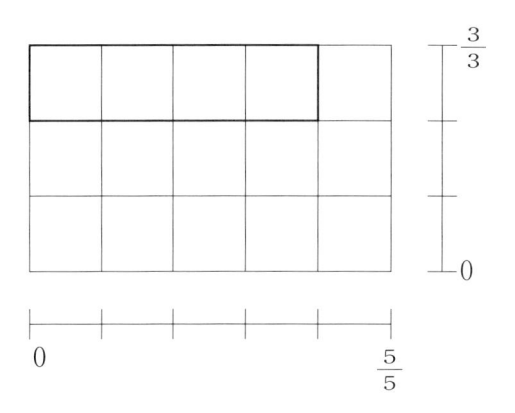

全体が3×5で15です。そのうちの4つ分なので、やはり$\frac{4}{15}$です。だから、やり方は正しいと思います。

子ども　だから3×5なんだ。

納得できた子どもたちは、そこで発言をやめました。

教師　まだ、お仕事が残っているよ。これは、答えを確かめるだけではないんだよ。
　どうして、分母のところが「5×3」になって、分子のところが「4×1」になるのかを証明する問題だよ。

子どもたちは、そうだったという表情で考えはじめました。私は、「ここまできたのなら、分母・分子のかけ算のわけまで自分たちで解決して

第3章　分数のかけ算

ほしかったな、もう少しだったな」とちょっと残念に思いました。

子ども　面積図だから、縦に見ても横に見てもいいから。
　　　　3×5は、縦に5と横に3の「5×3」とも言える。
子ども　でも、4×1って？
子ども　4つ斜線になっているところが一段でしょ。
子ども　ああ。だからか。
教師　分母のかけ算の分け方、分子のかけ算の分け方は、わかったかな。

　まだ、他のやり方で証明したという子どもがいました。この子どもは分数のたし算・ひき算の学習で、単位分数同士のひき算を使って、異分母分数の計算をした子どもです。

子ども　ぼくは、みんなと違って、かけ算をたし算に直してみました。
$$\frac{4}{5} \times \frac{1}{3} = \left(\frac{1}{5} + \frac{1}{5} + \frac{1}{5} + \frac{1}{5}\right) \times \frac{1}{3}$$
$$= \left(\frac{1}{5} \times \frac{1}{3}\right) + \left(\frac{1}{5} \times \frac{1}{3}\right) + \left(\frac{1}{5} \times \frac{1}{3}\right) + \left(\frac{1}{5} \times \frac{1}{3}\right)$$
$\frac{1}{5} \times \frac{1}{3} = \frac{1}{3} \times \frac{1}{5}$ については、小数を使います。
$\frac{1}{5} = 0.2$ です。
だから、
$\frac{1}{3} \times 0.2 = \frac{0.2}{3}$
ここで、分数の仲間づくりの学習で、分母と分子に同じ数を掛けても分数の大きさは変わらないということを習っているので、分子と分母に10を掛けて、小数を整数に変えます。
$\frac{0.2 \times 10}{3 \times 10} = \frac{2}{30}\frac{1}{15} = \frac{1}{15}$
だから、

—118—

第3章　分数のかけ算

$\left(\dfrac{1}{5} \times \dfrac{1}{3}\right) + \left(\dfrac{1}{5} \times \dfrac{1}{3}\right) + \left(\dfrac{1}{5} \times \dfrac{1}{3}\right) + \left(\dfrac{1}{5} \times \dfrac{1}{3}\right) = \dfrac{1}{15} + \dfrac{1}{15} + \dfrac{1}{15} + \dfrac{1}{15}$

というようになります。

$\dfrac{1}{3 \times 5}$が4つ分。分数×整数のところで、$\dfrac{1}{15} \times 4 = \dfrac{1 \times 4}{15}$

となるということがわかっているので、15をさっきのかけ算にもどすと、

$\dfrac{1 \times 4}{15} = \dfrac{1 \times 4}{3 \times 5}$

これが証明になります。

みなさん、わかりましたか？

　この意味が一度の説明でわかり、感嘆している子どもはすごいと思いました。わかったようなわからないような笑いを浮かべている子どもを見つけ、どこに疑問のツボがあるのか黒板を眺めました。おそらく、（　）がはずれるところだと思いました。分数の分配法則は単元の一番最後にあります。私は、この子どもの発表を生かして、分数の分配法則もここで学習するといいのではないかと思いました。

　そこで、この説明をする前に、分数ではなく整数に話をもどしました。川嶋先生が、「具体が大事」と言っていた言葉を思い出しました。

> お店に行って1円のお菓子と2円のお菓子と3円のお菓子と4円のお菓子を10個ずつ買いました。合計金額はいくらでしょう。

（1円のお菓子の分）　1円×10個＝10円

（2円のお菓子の分）　2円×10個＝20円

（3円のお菓子の分）　3円×10個＝30円

第3章　分数のかけ算

（4円のお菓子の分）4円×10個＝40円
これを全部合計することだから、
（1×10）＋（2×10）＋（3×10）＋（4×10）＝100
（答え）100円

とも計算できるし、1円・2円・3円・4円のお菓子を一袋にして、10人にあげるために買ったとも考えることができるから、

（1＋2＋3＋4）×10＝100　　　　　　　　　　　（答え）100円

だから、この2つの式はイコールで結ばれるということになるね。
（1×10）＋（2×10）＋（3×10）＋（4×10）＝（1＋2＋3＋4）×10

子ども　10でまとめているんだ。

私は、子どもたちができるかどうか、似た問題を出して確かめることにしました。

> **問題**　10×2＋30×2＋40×2を（　　）でまとめた式に表しましょう。

子どもたちが顔を上げてから、私は問答形式で進めました。

教師　共通な数字は？
子ども　2

第3章　分数のかけ算

教師　共通な数字に○印をつけて、残りの数字・記号をかっこにまとめることができるよね。

ひき算についても同じように確かめてみました。

授業が終わってからアレイ図を使ってもできたことを思い出しあとで付け加えました。

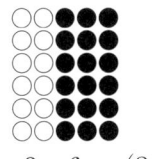

$$2\times 6+3\times 6 = (2+3)\times 6$$

そうして、先ほどの男の子の発表にもどったわけですが、子どもの頭がこんがらがったのではないかと心配でした。

図を書く力（表現力）と、書いた図を基にして意味を確かめる（解釈力）の2つのうち、表現力は高まったと思います。解釈力を鍛える必要があるのを感じました。また、多様に出たお互いの違いや共通点を読み取るには、教師も子どももまだまだ時間がかかるかなと思いました。

今回の授業は、「間違い」から出発し、子どもが授業をひっぱっていくことができたという感触がありました。

〈川嶋コメント〉

少し概念的になってしまいましたね。

整数×分数で考えたかけ算のすじがずれてしまいました。それは具体

第3章 分数のかけ算

的な文章問題を与えず、$\frac{4}{5} \times \frac{1}{3}$ という式だけで考えさせたからです。

私ならこうします。

> **課題** 1㎡の畑に $\frac{4}{5}$ ℓ の水をまきます。$\frac{1}{3}$ ㎡ の畑にまくとしたら、何ℓの水が必要でしょうか。

$$\frac{4}{5} \times \frac{1}{3} = \frac{4 \times 1}{5 \times 3} = \frac{4}{15} \ell$$

A. $\frac{4}{15} \ell$ になることを証明しなさい。

1、面積図

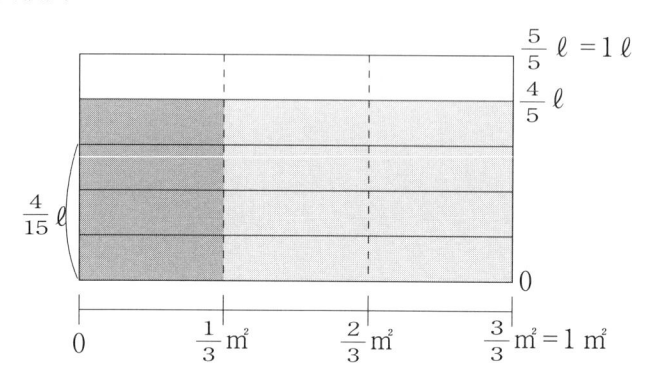

$$\frac{4}{5} \div 3 = \frac{4}{15} \ell$$

2、線分図

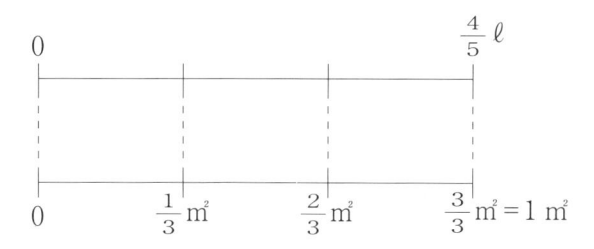

$$\frac{4}{5}\ell \div 3 = \frac{4}{15}\ell$$

式　$\frac{4}{5}\ell \times \frac{1}{3} = \frac{4}{5} \div 3 \times 1 = \frac{4 \times 1}{5 \times 3} = \frac{4}{15}\ell$

とつなげます。

$\frac{1}{3}$㎡より$\frac{2}{3}$㎡、すなわち$\frac{4}{5} \times \frac{2}{3} = \frac{4 \times 2}{5 \times 3} = \frac{8}{15}$を使った方が分数のかけ算は、$\frac{○}{△} \times \frac{☆}{□} = \frac{△ \times ☆}{○ \times □}$の意味がわかりやすいでしょう。

　計算のみ出したので、子どもたちが混乱して法則までもっていけませんでしたね。教師が教えるべきことの柱が揺らいでしまいました。

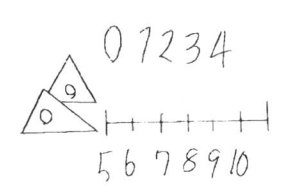

第3章　分数のかけ算

（第5時）分数×分数×分数

　第3時の分数×分数の学習のふり返りで、子どもから「分数×分数×分数はどうやってするんだろう」という疑問が出ました。そこで、この子どもの疑問を取り上げ、今までの学びを生かせるような授業にしたいと思いました。

教師　「分数×分数×分数」は、どんな計算の仕方になると思う？
子ども　予想なんだけど、

① $\dfrac{分子1 \times 分子2 \times 分子3}{分母1 \times 分母2 \times 分母3}$　というやり方になると思います。

子ども　分数×分数と同じになると思う。
教師　①の考えは分数×分数の時にも出たよね。
子ども　そうそう、A君が作った言葉でまとめたんだ。
教師　よく覚えていたね。でも、本当にそうなるのかな。3つのかけ算になっているけど、こういうやり方になるよって証明できるかな？
子ども　できるんじゃない？
子ども　数字を使ってやれば証明できるよ。
教師　なるほどね。数字を使って証明するなら、できるだけ簡単な数字がいいですよ。これだけは言っておくね。「簡単な数字を使う」これ、大事！
子ども　あと、図とか、面積図で考えるといいかもしれない。

第3章　分数のかけ算

子ども　数直線。
子ども　ジュースの絵とか、何か形にして表したらどうかな。

　子どもたちがだいたいの見通しをもてたところで、一人ひとりの学習に入りました。説明する時に便利なように画用紙に書きたいという子どももいました。
　一人として、自分の考えを書けない子どもはいませんでした。しかし、共通な間違いや図や使った数字は違っていても意味が同じものなど、以前より子どもの考えを種類別にできる自分を見つけました。私は、子どもたちに「席を立って、自分と同じ考えの友達を見つけてください」と話しました。
　ノートを胸に抱き、わくわくした楽しそうな表情で探している子ども。はじめから、「この人」と目指して小走りする子ども。その騒がしい様子と明るい表情を見ていると、「自由」という言葉が頭をよぎりました。
　はじめは、男子と女子に分かれながら自分の考えを確かめていました。それが、「これって私たちだけ？」「図は違うけれど意味は同じだよね」とか、「そのグループは間違っている」とか声が飛び交っているうちに、男女が少しずつ交じって考え毎のグループができた時は、「あせらないでよかった」と内心思いました。私は「前の授業の時のように、同じ面積図でも意味が違う時もあるからよく見合うんだよ」と声をかけました。
　本当であれば、自分たちが作ったグループ毎に発表をさせるといいのだと思います。しかし、ここのところ発表中心で、一つのことに時間が長くかかっていました。また、理解に時間のかかる子どもは説明不足の友達の発表に混乱を感じているのを私は知っていました。川嶋先生が「いつも同じことをしていると、子どもが飽きるよ」と教えてくれた声が聞

第3章　分数のかけ算

こえてきた気がしたのです。そこで、私は、数人の子どもに発表をお願いしました。しかも、正解をより明らかにしてくれるような間違った考えと全員が納得できる考えを取り上げなくてはいけないと思いました。

(1) $\frac{1}{2} \times \frac{1}{3} \times \frac{1}{4}$の分母を見ると最小公倍数は12です。

分数のたし算では、分母通分するために最小公倍数を使います。この考えは、かけ算の問題なのに、たし算と勘違いをしているのでした。でもこの男の子は最後まで諦めたくない様子で、ノートにもう一度書いて確かめ直していました。

(2)「私なら、(1)の考えをうまく言える」と言った子どもに前に出て来てもらいました。
　　はじめに2つに分けて、　　次に縦に3つに分けます。
　　この2つが重なっているところは、アですよね。
　　最後に横に4つに分けます。
　　　　　　　　　　　　イが重なったところです。
だから、$\frac{1}{12}$が答えと言えます。だから、①の計算の仕方は間違っているのではないでしょうか。

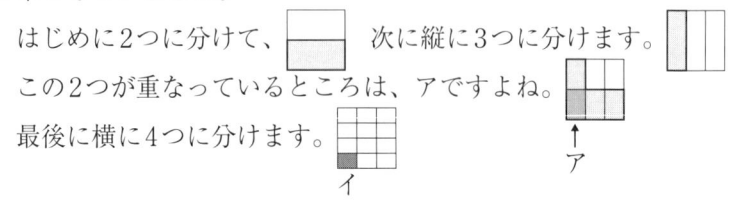

私は、こういう子どもの考えをはじめに取り上げて、「分数×分数×分数」の授業をしてもよかったなと、授業が進んでから思いました。
　子どもたちは少し「うーん」と表情を重くして考え込んでいました。一人の女の子が勢いよく手を挙げました。

第3章　分数のかけ算

子ども　でも、それは、違うと思います。平面では縦×横だけど、立体では縦×横×高さというように、高さが出てくるじゃないですか。だから、この分数×分数×分数の考え方は、平面的に考えるのは間違いで、立体的に考えなくてはいけないのだと思います。

　この考えを聞いて子どもたちは、なるほどと感嘆していました。
教師　納得した？　この考えをしている人はもう一人いたよね。Cさん、黒板に図を書いてみてください。
子ども　2つに分けます。
3つに分けます。
4つに分けます。
ここが24個分に分けたうちの1つになります。
だから答えは$\frac{1}{24}$です。

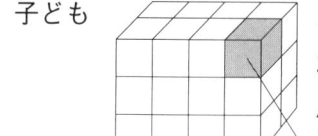

　この立体の図を使った説明に、子どもたちはとても納得できました。自分たちが今までずっと頼りにしていた面積図がこんなふうに立体的に発展できるとは、思っていなかったのです。私もこんな証明を子どもたちがするなんてと、うれしくてたまりませんでした。
　分数×分数×分数は立体にして考えるとよいということに着地しようとしていました。ところが、前の席に座っていた男の子は、ずっと鉛筆を走らせ、「やった。できる。先生、平面でもできる。面積図はだめじゃない！」と言いました。数人の子どももそう言いました。

第3章　分数のかけ算

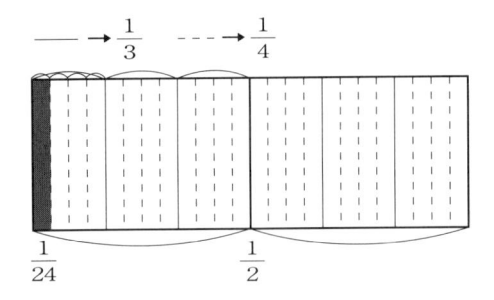

そして、立体の置き方を変えて考えることにより、(○×△)×□=○×(△×□)もできました。

これは、整数で可能＝4年

小数で可能＝5年

分数＝6年

エジプトの時代にはすでに分数が存在していたことを教えました。

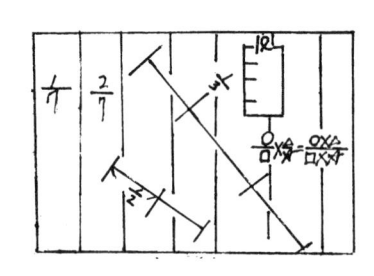

第4章

分数のわり算

第4章 分数のわり算

（第1時）分数のわり算

　「分数のかけ算」ではできなかった子ども主体の授業を、今度こそ「分数のわり算」でできるようにしたいと考えています。

　整数の計算でも、かけ算よりはわり算の方が混乱することが多いと思います。子どものつまずきや混乱を予測した授業の組み立てをして臨もうと思います。

　分数のかけ算を学習した時に、いくつかの疑問が生まれました。「分数の計算が、かけ算ではなくて、わり算だったらどうなるんだろう」という疑問が残ったままでした。Rくんの疑問を考える時がきました。1ヶ月前のことなのに、誰の疑問なのかを子どもたちは忘れていませんでした。一人の疑問は、もはや一人のことではなく、みんなの疑問となっていたのです。

> 問題　$\frac{4}{5}\ell$ の水を2人で等分します。
> 　　　1人分は何 ℓ になるでしょうか。

　この問題を書くと同時に、子どもたちは自然に問題文を声を合わせて読みはじめました。問題を読み終えるとしーんとなって、ノートに向かいました。

教師　そろそろいいかな。この問題からわかることは何だろう。
子ども　問題文に「2人で等分する」ってあるでしょ。だから、1人分はその $\frac{1}{2}$ だよね。

第4章　分数のわり算

子ども　わり算だと思う。だって「分ける」って言葉があるもの。
子ども　だから÷2の式。
子ども　単位はℓだと思います。

　子どもたちは何を問われているのか問題把握ができていると思いました。「かけ算」という言葉は出てこなかったけれども、やはり「$\frac{1}{2}$」という分数が出てきました。私は、「どんな作戦でこの問題を解いていこうか」と問いました。子どもたちから出た作戦は次のとおりです。
〈作戦〉
　・数直線図
　・小数
　・面積図
　・言葉（説明文で書く）
　・式
　・○とか△とか一般化する

予想したとおり、複数の式が出てきました。

① 　4ℓ ÷ 5 = 0.8
　　 0.8ℓ ÷ 2 = 0.4
② 　$\frac{4}{5}$ℓ ÷ $\frac{2}{1}$
③ 　$\frac{4}{5}$ℓ ÷ 2
④ 　$\frac{4}{5}$ℓ ÷ $\frac{1}{2}$
⑤ 　$\frac{4}{5}$ℓ × $\frac{1}{2}$

第4章　分数のわり算

　①から⑤までの発表の途中で「えっ、これは違うんじゃない？」「どういう意味？」という声が出ましたが、全ての式が出終わるまで、途中の発言を止めました。一つひとつを吟味して進むより、全体を比較したり共通点を見つけながら進む方がいいと考えたからです。あとになって思うのですが、①から⑤までの式を発言するだけにしないで、どうしてそういう式になったかを説明させながら、式を述べさせるべきだったかなと思います。

　子どもたちからは、③・②・④・①・⑤の順に出てきましたが、私は比較しやすいように黒板に①から⑤のように配列して書きました。

子ども　②の$\frac{2}{1}$は、$2 = \frac{2}{1}$という式が一つあればわかりやすいと思う。いきなり$\frac{2}{1}$だと問題文にはないのでわかりにくい式になると思う。（前に出て来て）つまり、

$$2 = \frac{2}{1}$$
$$\frac{4}{5} \div 2 = \frac{4}{5} \div \frac{2}{1}$$

という書き方がいいと思います。

教師　そうか。そうだよね。このことがあると数字の変化がわかりやすいよね。

子ども　③と②は同じってことですよね。

子ども　同じでしょ。

子ども　だったら、④と⑤はおかしくない？

子ども　使っている数字は同じで÷と×だと全然意味が違う。

教師　今、④と⑤を比べているんだよね。

子ども　④の$\frac{4}{5}$を①みたいに小数で考えると、$0.8 \div 0.5$になりますよね。

第4章　分数のわり算

　　　そうすると、答えが1.6になって、元々の水の量より多くなっちゃうことになると思います。それは、おかしいと思います。
子ども　あー！　本当だ（ほぼ全員の子どもが大きく納得した）。
教師　ということは、この中には問題に合っている式とそうでない式があるということなんだね。途中の説明はわかりやすくていいけれど、結論をしっかり述べてね。「こうなってこうなる」だけでなく、「こうなってこうなるから、この式は違うとかいい」とか……。
子ども　あっ、だから、元々より多くなっちゃうから、④の式は間違っています。
子ども　（うなずく）。

　その時、④の式を勇気を出して発言した子どもが恥ずかしそうな顔になったのを見つけました。

教師　この④の式は「いい間違い」だね。×と÷の式の確かめだけでなく、小数に直して見直しすること「割られる数」と「答え」の関係まで考えさせてくれたじゃない。こういうみんなのためになる間違いって大歓迎！　ありがたいね。④のおかげでみんなが賢くなれました！

　恥ずかしがっていた子どもの表情が少し和らいだのを見て次に進みました。

教師　小数が出てきたけれど、①はどうかな。
子ども　①の0.8÷2って、0.8×$\frac{1}{2}$と同じじゃないかな。
子ども　だから、③と⑤は同じだと思います。

—133—

式同士をつなげて考えることができていました。そして、分数のかけ算とわり算は意味が同じになることに気づきはじめていました。しかし、「×$\frac{1}{2}$と同じ」という言葉に、子どもたちのの表情が曇りました。私はこの内容はこの時間で取り上げるより、次の時間の方が明確に解決できると考えました。

教師 ③と⑤が同じって、すごい見方ができる人もいるもんだねぇ。⑤については次の時間に保留にしておきましょう。

⑤の説明に挑戦したいと思っていた子どもは、拍子抜けしたような表情でいました。
　私は⑤の式に大きく赤丸をつけて、「保留だよ。このあとの時間まで力を蓄えておいてね」と付け加え、子どもの視点を変える声かけをしようと思いました。

教師 みんなが立てた作戦、まだ残っているね。どれからやっていこうか？
子ども 面積図。
子ども 面積図がやりやすい。
子ども ぼくやるから。ぼくにやらせて。

勢いよく男の子が黒板に出て来ました。5等分してそのうちの4つに斜線を引いたあとで、更に半分にするところで面白い展開になりました。

第4章　分数のわり算

子ども　そして、横に線を引きます。すると、1、2、3、……（全体が10等分されていることを声を出して数える）■の部分のところが4なので、1人分は$\frac{4}{10}$となって、約分して$\frac{2}{5}$になります。

$$\frac{4}{10}=\frac{2}{5}$$

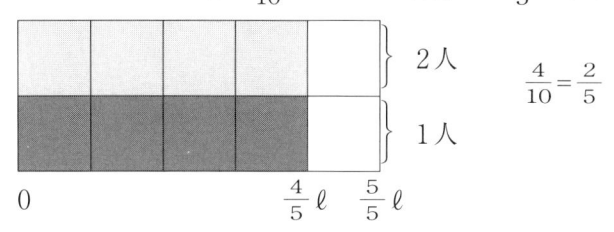

子ども　あぁ。それで約分か。
教師　　約分ができたんだね。
子ども　（何か考えている表情）。
教師　　他のやり方ある？
子ども　線の引き方が違うよ。斜めじゃないの。
教師　　斜めってこんなふうに？

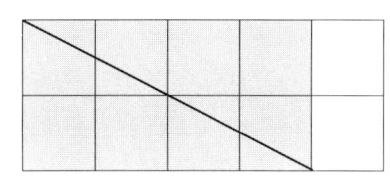

子ども　斜めだと半分になれないよ。
子ども　できるよ。
教師　　面積を半分にするやり方は1つ、2つでないよ。無限にありますよ。4年くらいで学習しているんじゃないかな。図形の中心を通って左右に同じ形なら大丈夫。

第4章　分数のわり算

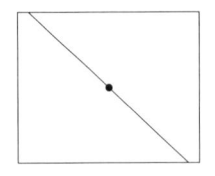

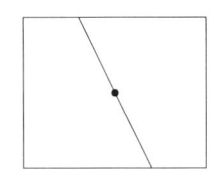

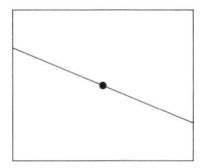

こんなふうにいくらでも半分にできるんだよ。

子ども　ふぅ〜ん。そうなんだ。

子ども　縦にもできる。

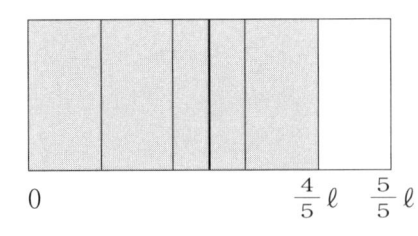

こんなふうにでしょ。

子ども　いいです！

一瞬、子どもたちは沈黙しました。

子ども　えっ。違う。違う。それだと半分でないよ。

子ども　どうして。半分になっているよ。

子ども　今は、$\frac{4}{5}\ell$ を2人で分けるということが問題なんだよ。それだと、$\frac{5}{5}$ の半分ということになっていると思う。

子ども　あっ、そうか。でも、じゃあ、どこに縦線を引けばいいんだ？

教師　誰かできる人いる？

子ども　$\frac{2}{5}$ のところ。

第4章　分数のわり算

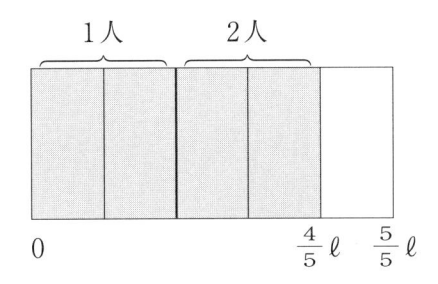

（図：0から$\frac{4}{5}$ℓまでを4等分し、最初の1区画が「1人」、次の2区画が「2人」と示されている。右端は$\frac{5}{5}$ℓ）

子ども　そうそう。これで、合ってます。
子ども　確かに$\frac{2}{5}$で半分になっているけれど、何かバランス悪く見えるな。

　ここで、子どもの会話がとぎれてしまいました。次に何をすればいいのか見えなくなったのだと思いました。

教師　この面積図からどこかにつながりませんか？
子ども　（黒板を目で探している）
教師　面積図でしたことは式につながらないかな。
子ども　あっ、そうか。
子ども　わかった！
子ども　この$\frac{4}{5}$を半分にするというのは、かけ算の式と似ていると思います。

　とてもいいことを発言していると思いました。
　この子どもは⑤の$\frac{4}{5}\times\frac{1}{2}$が、$\frac{4}{5}\div 2$とつながることを言いたいのだと思いました。しかし、ここでこのことを取り上げずに、あくまでも「分数のわり算」の意味を考えさせたいと思いました。

第4章 分数のわり算

教師 すごいことを言っているね。「$\frac{4}{5} \times \frac{1}{2}$」のことはもう1つ大きな山だから、このあとにみんなで考えてみようね。今、「$\frac{4}{5} \div 2$」とつながることは、この面積図からは見つけられないかな。

子ども 分子がわり算になっていて、分母は5等分されたままです。

数直線でつなげて考えると、

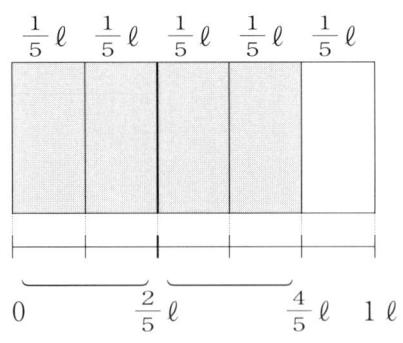

[数直線の図：$\frac{1}{5}\ell$ が5つ並び、0、$\frac{2}{5}\ell$、$\frac{4}{5}\ell$、1ℓ の目盛り]

このように2つに分けられているのがよくわかります。
$4 \div 2 = 2$ となります。
だから、$\frac{4}{5} \div 2 = \boxed{\frac{4 \div 2}{5}}$ ←この部分が面積を半分にしたところの式です。
$= \frac{2}{5}$

　子どもが自分でつなげて考えることができた場面でした。「同じです」という子どももたくさんいました。このあと、本当ならば、子どもが自分たちで一般化を進めていけたらよいのだと思います。子どもからそのような声が出てくるのを待とうと思いました。

　しかし、納得してノートにみんなで書いてまとめようとしていた子どもたちを見て、思わず私は「作戦はまだ全部制覇してないよ」と言いました。先ほど恥ずかしがっていた女の子が手を挙げて発言しました。

第4章　分数のわり算

子ども ⓐ　私は $\frac{△}{○} ÷ □ = \frac{△ ÷ □}{○}$ というふうに表せると思います。

子ども ⓑ　ぼくは $\boxed{\frac{△}{○} ÷ □ = \frac{△}{□ × ○}}$ ということもできると思います。
　　　　　　　　　　　　　ⓒ

　子どもⓑで出された一般化の記号式は、今回の授業の内容とは結び付きにくい式です。私は、⑤と⑥「この2つについては保留にします。このあとの授業でするからお楽しみに！」と話しました。
　そして、女の子が出した一般化された記号式をみんなで確かめました。「分子だけのわり算で簡単！」という声もあったように、計算のやり方は全員がクリアすることができました。

子ども　先生、今日のは「4÷2」で割り切れるけれど、割り切れない
　　　　時はどうするの？
子ども　あっ、ほんとだ。できないよ。
子ども　⑥の方法でやるんだよ。

　この子どもの疑問を次の授業で解決しようと話して、授業が終わりました。

〈川嶋コメント〉

　子どもから出た問題をつぶすことと残すことが見事にできていましたね。ただ教材解釈の中で次のことも考えておいてください。

—139—

第4章　分数のわり算

> 問題　$\frac{4}{5}\ell$ の水を2人で分けると、1人分は何 ℓ ですか。

式　$\frac{4}{5}\ell \div 2 = \frac{2}{5}\ell$　A. $\frac{2}{5}\ell$

ですが、これを面積図にするのに2とおりの方法があります。

A、子どもから出た面積図

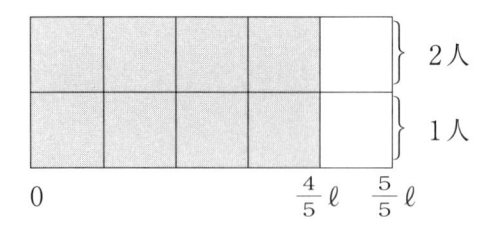

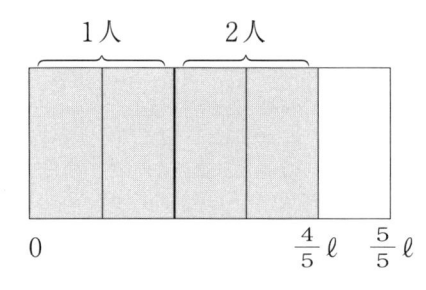

これは2人で分けるので日常の生活からすぐに思い付きます。

B、教師が考える面積図

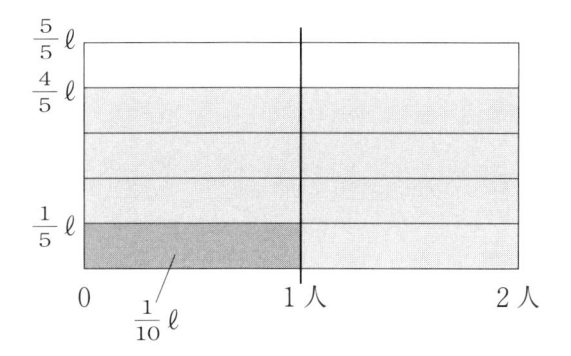

$$1人分は\frac{1}{10}\ell \times 4 = \frac{4}{10}\ell = \frac{2}{5}\ell$$

1ℓを横に分割していく図は子どもの中からなかなか出てきませんが（日常生活からは考えつかない算数的発想ですから）、あとに分数÷分数になった時、この図の方がわかりやすいです（理由は次に書きます）。

本時はAのみしか出ませんでしたが、「Bの方法もあるよ」と教師が教えておくことが大切です。子どもが主体ですが、教師が指導するところはしっかりおさえてください。

第4章　分数のわり算

（第2時）分数のわり算

　前時の終わりに女の子が、「割り切れなかったらどうするのか」という疑問を投げかけました。そこで、本時ではその女の子の疑問を取り上げ、前の問題文との比較をしながら考えるようにしました。

> 前時の問題　$\frac{4}{5}\ell$を2人で等分します。
> 　　　　　1人分は何ℓになるでしょう。

　前時から見つけたことは、$\frac{△}{◯}÷□=\frac{△÷□}{◯}$だったよね。

　私はそう言って本時のめあてを黒板に書きました。

> （学習のめあて）
> 分子どうし割り切れない場合のわり算を考えよう

　私は、「2」の数字の上に「3」と書いたカードを貼りました。しかし、ここで、「2だと割り切れてしまう。じゃあ、割り切れない数字は、この問題の場合何だろうね」と問う方がよかったかもしれません。

> 本時の問題　$\frac{4}{5}\ell$を3人で等分します。
> 　　　　　1人分は何ℓになるでしょう。

子ども　4÷3だと小数になってしまうから……。

—142—

第4章　分数のわり算

子ども　割れる数に直すとどうかな。
子ども　割れる数に直すって、意味がわかんない。
子ども　5と3の公倍数ってことだよ。
子ども　ますます意味、わかんない！
子ども　だったら、書けば？

　子どもは黒板に出て来ました。

子ども　3人で分けられるようにするために、さらに分割します。
　　　　わからなくならないように、上の線分図と下の線分図を線で結んでいきます。

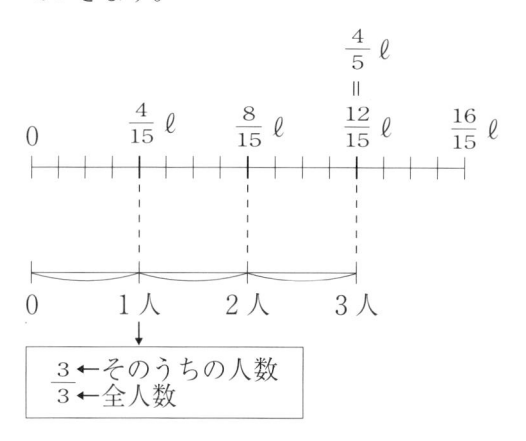

$$0 \quad \frac{4}{15}\ell \quad \frac{8}{15}\ell \quad \frac{12}{15}\ell \stackrel{\frac{4}{5}\ell}{=} \quad \frac{16}{15}\ell$$

　　　　0　　1人　　2人　　3人

$$\frac{3 \leftarrow そのうちの人数}{3 \leftarrow 全人数}$$

教師　5と3を同じ土俵にしたんだね。同じ土俵で考えるために最小公倍数の15を用いて、分割したんだね。
子ども　でも、先生。この図を書けるということは、もう答えがわかっているから書けるのであって、わからないことを図を書いて答えを出すということとは違うと思います。

第4章　分数のわり算

子ども　そうだよね。

子ども　やっぱり、面積図がわかると思う。

　　まず、全体を縦に5等分します。そのうちの$\frac{4}{5}$を斜線で引きます。そして、3人で分けるために、横に等分します。3つのうちの1つになるわけです。斜線が、だぶっているところが答えです。

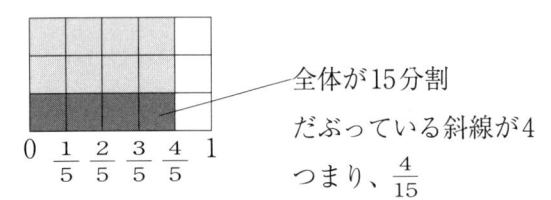

全体が15分割
だぶっている斜線が4
つまり、$\frac{4}{15}$

子ども　こっちの方がわかりやすい。

子ども　単位が書かれていないよ。

子ども　2つの単位があるから、縦にも横にも単位が必要じゃない？

教師　線分図もつけて考えるといいんじゃないの？

子ども　縦と横？

子ども　できる。できる。やらせて。

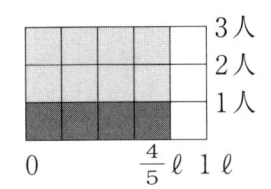

この図からわかるように、5×3をして15分割しているでしょう？

そのうちの4×1が答えだから、

$\boxed{\dfrac{4 \times 1}{5 \times 3}}$*

ということになっていると思います。

子ども　あっ、これって前時にAくんが言っていたことじゃない？

教師　前に「保留」にしたところだね。

— 144 —

第4章　分数のわり算

子ども　だから、さっきの部分が式のあとにくる。
$$\frac{4}{5} \div 3 = \boxed{\frac{4 \times 1}{5 \times 3}}*$$

教師　分数のわり算で、2つのやり方を発見できたね。
$$\frac{\triangle}{\bigcirc} \div \square = \frac{\triangle \div \square}{\bigcirc}$$
$$\frac{\triangle}{\bigcirc} \div \square = \frac{\triangle \times 1}{\bigcirc \times \square} = \frac{\triangle}{\bigcirc \times \square}$$

子ども　前時に$\frac{4}{5} \div 3 = \frac{4}{5} \times \frac{1}{3}$になるのも「保留」ってしていたけど、これもできると思います。

$\boxed{\frac{4 \times 1}{5 \times 3}}$ここの部分を分解すると、$\frac{4}{5} \times \frac{1}{3}$というようになるでしょ。

子ども　ぼくは、$1 \div 3 = \frac{1}{3}$
$1 \times \frac{1}{3} = \frac{1 \times 1}{3} = \frac{1}{3}$ということはもう習っているのでこのことを使って考えると、$\frac{4}{5} \div 3 = \frac{4}{5} \times \frac{1}{3}$と言えると思います。

子ども　分数のひき算の時だっけ？　へびのような長い線分図あったでしょ？　その線分図も面積図から作れば、面積図と線分図がつながると思います。

子ども　ああ。確か、Bくんが発表したはずだよね。

子ども　ぼくやりたい。

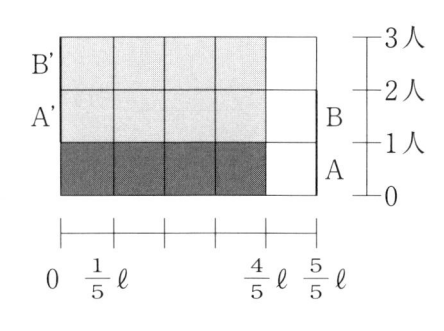

まず、15分割して、横に3つ切ります。そして、それをつなげていきます。
A→A'→B→B'というように。すると長い短冊みたいなのができて、それが線分図につながると思います。

↓

—145—

第4章　分数のわり算

$\dfrac{4}{15}$

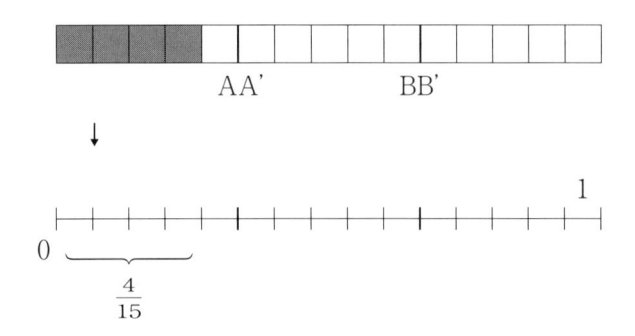

子ども　なるほどね。本当だ。
教師　授業があっちに行ったり、こっちに行ったりしたけれど、考えがつながったかな？　では、ここまでをしっかりノートにまとめておきましょう。

　前の授業とこの授業を大学生が見ていました。この大学生は、5月のオープン研修会で授業を参観して、この学級の学習の様子を基にして卒業論文をまとめてみたいということでした。大学生の山岡さんの感想です。

・大事なところを子どもが発表した時、全くノータッチで子どもに発表を進ませているが、そこは教師がもう一度介入して確認をとってもよかったのではないか。
・面積図と直線図をうまく対応させてみるように、子どもへ言葉かけをしている。教師の言葉かけが子どもの発表の量と質を高めている要因であると感じた。
・子どもたちからの発表が8割近くを占めているが、決して無理に発表させているのではなく、考えが思いつくような問題を設定し、前時と関連をもたせることで、どの子どもも自分で考えることができ

・教師主導ではなく、子ども同士の相互作用を重視している授業を展開している。また、子どもの発表でうまく続かない時は、教師からヒントを出して子どもが発見できる機会を設定している。教師と子どもの相互作用が見られる。
・教師が全てを語るのではなく、子どもから発言が続くような言い方をしていくことで、自ら発見できた喜びを感じているのではないか。

　大学生の感想にもあったように、確かに子どもの声が多くて思考がたくさんされているように感じます。けれども、その反対で何か芯になるようなものが欠けていると思います。それが何なのか、川嶋先生に教えてもらいたいと思いました。

〈川嶋コメント〉

　面積図と線分図をつなげるのにどちらが考えやすいでしょう。

A、子どもから出た面積図から線分図へ

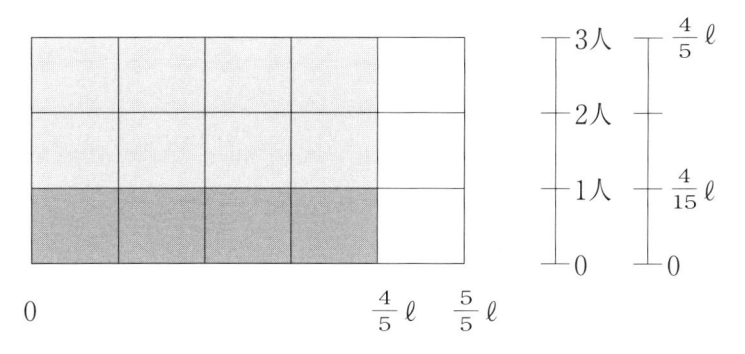

第4章　分数のわり算

B、私が考えた面積図から線分図へ

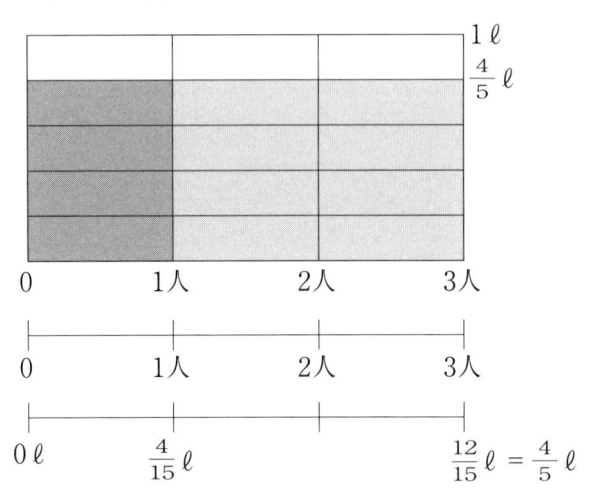

1ℓ
$\frac{4}{5}\ell$

0　　　1人　　　2人　　　3人

0　　　1人　　　2人　　　3人

0ℓ　　$\frac{4}{15}\ell$　　　　　$\frac{12}{15}\ell = \frac{4}{5}\ell$

どちらの図がわかりやすいですか。

私はBを使った方がすっきりするような気がするのでBを使っています。

それには第1時の時にBの図を指導しておく必要があります。

ここに教師の教材解釈があると思います。単元をどのようにどうしていくか見通しをたて、その中で1時間1時間を積み上げていくことが大事です。

分数のわり算についての私の教材解釈を書きます。参考にしてください。

1、一般的解釈　$\frac{1}{3} \div \frac{1}{2} = \frac{1 \times 1}{3 \times 2} = \frac{1}{6}$……割る数を逆にして掛ける。

2、専門的解釈……数学としてどう考えたらよいか。

3、教師としての解釈……学級の子どもの考えとどう結び付けるか。

第4章　分数のわり算

　椎名さんの授業では２が弱いと思うので、２についての私の解釈を書きます。

イ、わり算は包含除と等分除があります。これは２年生の九九の時にしっかり子どもにおさえておくこと。

　　包含除

　　| ６このお菓子を３こずつ分けると何人で分けられますか。 |

　　式　６こ÷３こ＝２　　A.２人

　　等分除

　　| ６このお菓子を３人で分けると１人分は何こですか。 |

　　式　６こ÷３人＝２こ　　A.２こ（１当たりの量を出すことです）

ロ、では分数のわり算ではどう考えたらよいでしょう。

（１）整数÷分数（$2 \div \frac{2}{5}$）

　　包含除

　　| ２ℓの水を１人に$\frac{2}{5}$ℓずつあげると何人で分けられますか。 |

—149—

第4章　分数のわり算

■は $\frac{1}{5}\ell + \frac{1}{5}\ell = \frac{2}{5}\ell$　　だからA.5人

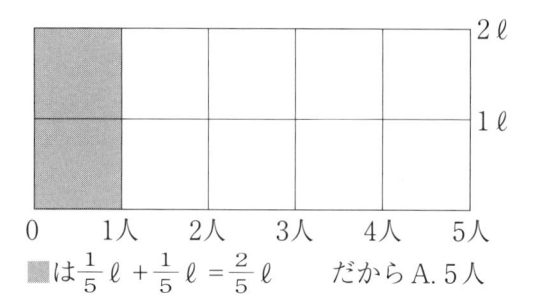

等分除

> 2ℓの水を$\frac{2}{5}$m²の畑にまきます。
> 1m²では何ℓの水が必要ですか。

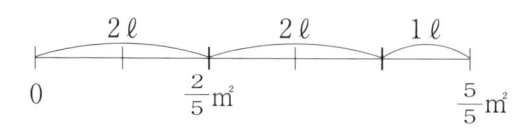

A.5ℓ

こんな図でもわかります。

（2）分数÷整数になった時

包含除は困ります（$\frac{2}{5} \div 2$）

$\frac{2}{5}\ell$の水を2ℓずつに分けられません。被除数が除数より大きい時のみ成立。

等分除では、

> $\frac{2}{5}\ell$の水を2m²の畑にまきます。
> 1m²当たりでは何ℓの水が必要ですか。

—150—

第4章　分数のわり算

式　$\dfrac{2}{5}\ell \div 2 = \dfrac{2}{10}\ell = \dfrac{1}{5}\ell$

面積図ではどう書きますか。

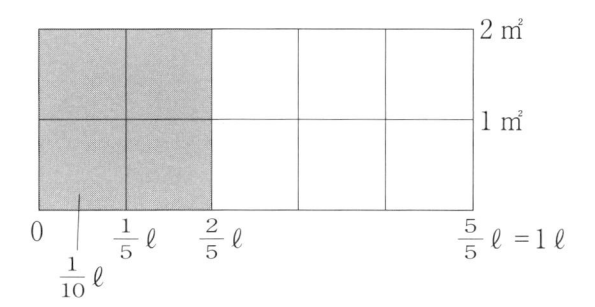

$1\,\text{m}^2$では$\dfrac{1}{10}\ell$が2つ。だから$\dfrac{2}{10}\ell = \dfrac{1}{5}\ell$
この面積図で考えられます。

ところが、
(3) 分数÷分数 $\left(\dfrac{1}{2} \div \dfrac{1}{3}\right)$ になった時、上の図では考えにくくなります。

> $\dfrac{1}{2}\ell$ の水を$\dfrac{1}{3}\text{m}^2$にまきます。
> $1\,\text{m}^2$では何ℓの水が必要ですか。

式　$\dfrac{1}{2}\ell \div \dfrac{1}{3} = \dfrac{1 \times 3}{2 \times 1} = \dfrac{3}{2}\ell$

あっ。数直線の方法があった♪

第4章　分数のわり算

ⓐ

面積図

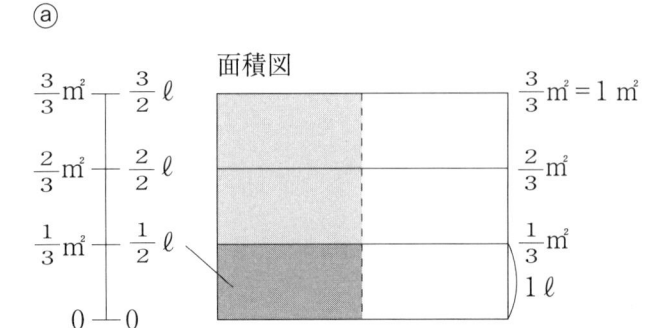

148ページ、Bのように、1ℓを縦に切っていった図の場合は、線分図にどうつなげますか。この問題だと線分図を縦にとることになります。

$\frac{1}{2}$ℓが3つ分だから$\frac{1}{2}$ℓ×3＝$\frac{3}{2}$ℓ　（1m²は$\frac{1}{3}$m²が3つ）

ところが1ℓを横に切って考えたらどうでしょう。下図のようになります。

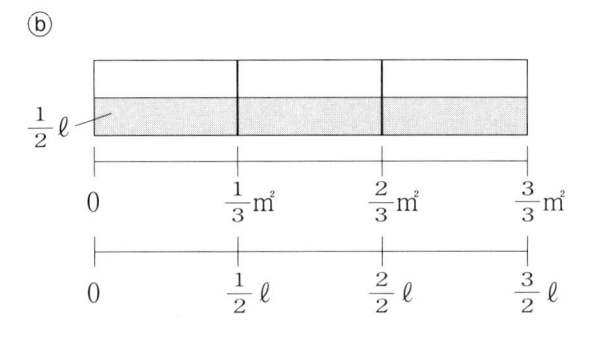

ⓑ

線分図はすぐつながります。しかしこの段階では図ⓐ、ⓑどちらの方がよいかはっきりしません。

—152—

第4章 分数のわり算

（4） 面積図で1ℓを縦に切った下図ⓐと横に切った下図ⓑではどちらがわかりやすいですか。私は横の方がわかりやすかったので横にとることにしました。そのために第1時から先の見通しを縦横の図も指導するようにと書いてきました。でもここまできてみるとどちらでもよいような気もしてきました。ですから教師としての解釈（学級の子どもの実態を考えて）でどちらをとってもよいと思います。

$\frac{2}{3}$ℓの水を$\frac{3}{5}$㎡にまきます。
1㎡当たり何ℓの水が必要ですか。

$\frac{2}{3} \div \frac{3}{5}$になった時、

ⓐ 縦に切る

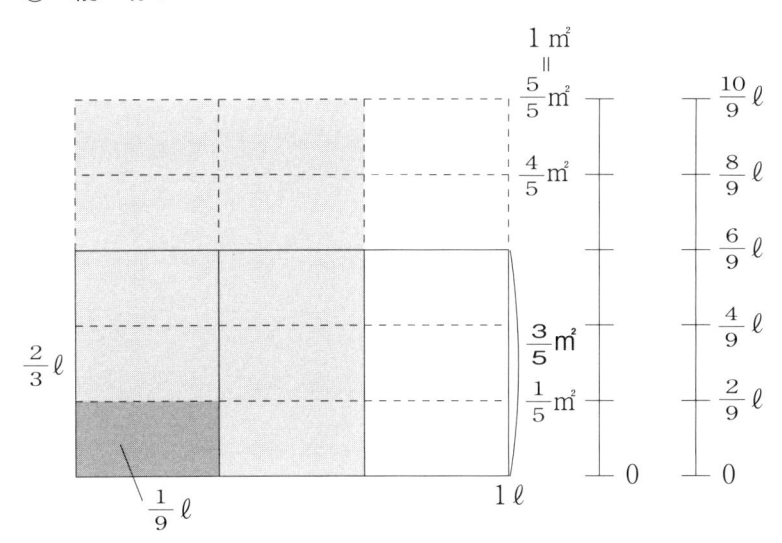

$\frac{1}{9}$ℓが10こ　A. $\frac{10}{9}$ℓ

ⓑ　横に切る

……………面積図

$0 \quad \frac{3}{5}㎡ \quad \frac{5}{5}㎡ = 1㎡$

……………線分図

$0 \quad \frac{2}{9}ℓ \quad \frac{4}{9}ℓ \quad \frac{6}{9}ℓ \quad \frac{8}{9}ℓ \quad \frac{10}{9}ℓ$

$\frac{5}{5}㎡$（1㎡）では$\frac{1}{9}ℓ$が10こで$\frac{10}{9}ℓ$

*　　*　　*

〈椎名記〉——このコメントはわり算が2時間進んでからいただきました。読んで、「しまった！」と思うところがありました。それは、この分数のわり算の学習で、いよいよ子どもたちが「数学の世界」に入ったのに必要な面積図をおさえていないということでした。いえ、面積図というよりは、「わり算」についての認識そのものと言ってもいいかもしれません。

「この2時間は、分数のかけ算で学んだ面積図や数直線をつなぎながら考えていけば大丈夫だろう」という私の考えは間違いでした。

しかしながら、私の中でまだどこかで明確にわかり切れていないことがあるような気がします。——

*　　*　　*

第4章　分数のわり算

〈川嶋コメント〉

これからの展開について

　分数のわり算の一番の考えどころは"除数を逆さにして掛けた答えが本当に正しいのか"ということを証明することだと思います。これからの授業の順序を書いてみました。これはあくまで私ならということですので、椎名さんの考えでやってください。

①

> 1ℓの水を$\frac{1}{3}$㎡にまきます。1㎡では何ℓになりますか。

　式　$1\ell \div \frac{1}{3} = 3\ell$　　A. 3ℓ

……面積図　｝すぐつながります
……線分図

②

> 3ℓの水を$\frac{2}{3}$㎡にまきます。1㎡では何ℓになりますか。

　式　$3\ell \div \frac{2}{3} = \frac{3 \times 3}{1 \times 2} = \frac{9}{2}\ell$　　A. $\frac{9}{2}\ell$

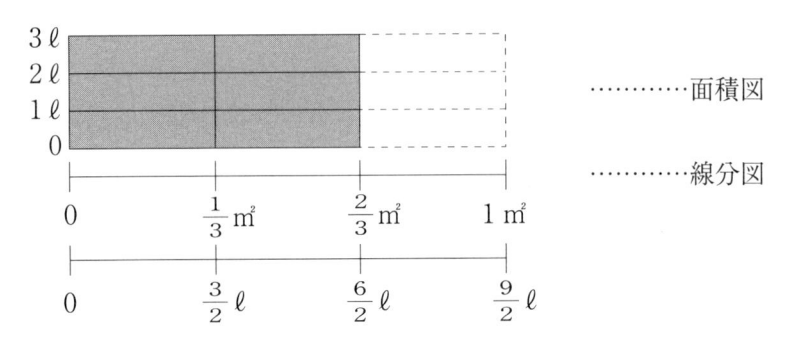

第4章　分数のわり算

$\frac{1}{2}\ell$ が $3 \times 3 = \frac{3 \times 3}{1 \times 2} = \frac{9}{2}\ell$

面積図と線分図と式とのつなげができます。

③

> 5ℓ の水を $\frac{2}{3}$ ㎡にまきます。1 ㎡では何 ℓ いりますか。

式　$5\ell \div \frac{2}{3} = \frac{5 \times 3}{2} = \frac{15}{2}\ell$　A. $\frac{15}{2}\ell$

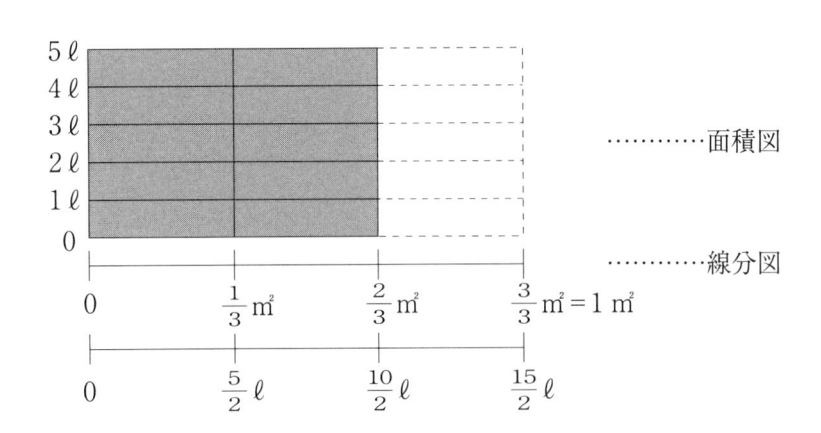

$\frac{1}{2}\ell$ が $5 \times 3 = \frac{5 \times 3}{2} = \frac{15}{2}\ell$

—156—

第4章 分数のわり算

ℓを横に切っていくと一つの原則が通って難なく図〜式につながりますね。

④

$\frac{1}{2}$ℓの水を$\frac{1}{3}$㎡にまきます。1㎡では何ℓいりますか。

式　$\frac{1}{2}ℓ ÷ \frac{1}{3} = \frac{1×3}{2×1} = \frac{3}{2}ℓ$　　A. $\frac{3}{2}ℓ$

………面積図
………線分図

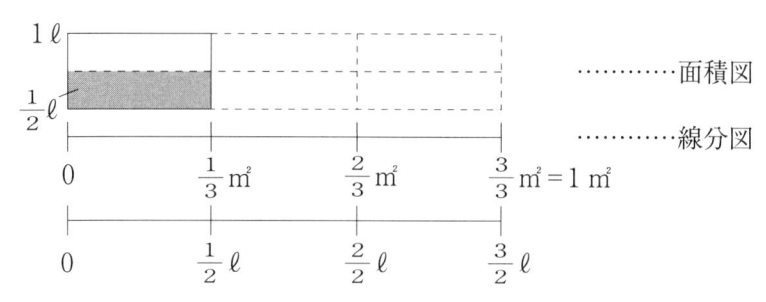

$\frac{1}{2}$ℓが2×3つ分

簡単に原則が通ります。

⑤

$\frac{1}{2}$ℓの水を$\frac{2}{3}$㎡にまきます。1㎡では何ℓいりますか。

式　$\frac{1}{2}ℓ ÷ \frac{2}{3} = \frac{1}{2}ℓ × \frac{3}{2} = \frac{3}{4}ℓ$　　A. $\frac{3}{4}ℓ$

第4章　分数のわり算

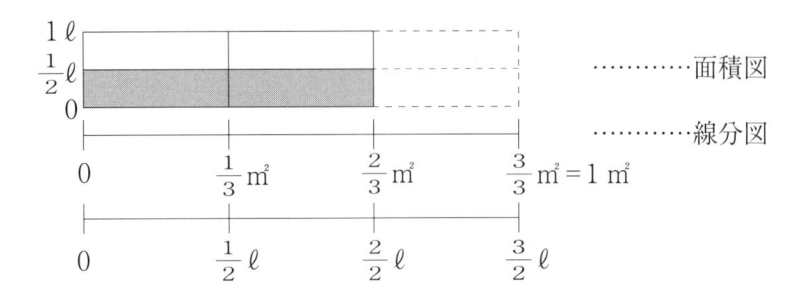

$\frac{1}{4}\ell$ が3つ分　$\frac{1\times 3}{2\times 2}=\frac{3}{4}\ell$

一本、すじ（原則）が通るのでスカッ！　としますね。

こんなふうにやっていくと、どんな場合でもできます。子どもたちはきっと発見のよろこびを味わうことができでしょう。ここが算数の面白味です。

＊　　＊　　＊

このコメントを椎名さんに送るのが遅くなってさぞかしとまどったことでしょう。ごめんなさい。遠距離とお互いの忙しさでなかなかうまく交流できませんでした。

また私も椎名さんの授業記録を見ながら学び、あとにコメントを訂正したりしました。はじめからこのコメントができていたら、椎名さんももっと授業がやりやすかったと思います。今後の参考にしてください。

第4章　分数のわり算

（第3時）分数のわり算（整数÷分数）

　川嶋先生から言われたことをここで軌道修正しなくてはと思いました。

　そのために今日は1時間で3問の問題を準備しました。
　まずはじめに、子どもたちに同時に2つの問題を提示しました。そして、声を合わせて読むように言いました。

> 問題A　$\frac{2}{5}\ell$のジュースを2ℓずつわけます。
> 何人に分けられますか？

> 問題B　$\frac{2}{5}\ell$のジュースを2人で分けます。
> 1人分は何ℓですか？

子ども　Bの問題はいいけど。
子ども　Bは$\frac{2}{5}\div 2$でしょ。
子ども　Aはやっぱり無理だよ。
子ども　もうすでに1ℓもないんだから。2ℓずつ分けるなんて不可能。
教師　Bから考えると、$\frac{2}{5}\div 2$は答えは出せるよね。わり算の式には表せて答えが出せても、意味が通じない時、本当は式に表せない時があるんだよ。

　子どもたちは、このAとBの問題を比べて不思議そうな表情をしながらも、「なるほど」と納得していました。そして、むずかしいかもしれ

—159—

第4章　分数のわり算

ないけれど、問題Aは2ℓがいくつ含まれているのかということから包含除ということ、問題Bは等しく分けることから等分除ということを話しました。漢字から説明すると理解することができました。
　そして、3問目を提示しました。

> 1ℓで$\frac{1}{3}$㎡塗れるペンキがあります。
> 1㎡では、どれくらいのペンキが必要ですか？

教師　式はどうなるかな。
子ども　えっ、これどっち？
子ども　わかんない。
子ども　わり算だろ。
子ども　どうして？

　どうやら、数字が分数になったことで問題のイメージがつかめず、混乱しているようでした。それでも、これまでの流れから「わり算」であることを予想していました。

教師　どうしてわり算と言えるの？

　私の問いに「こういうやり方はずるいかもしれないけれど」と手を挙げた子どもがいました。

子ども　分数だからむずかしいんだと思います。これを数字を変えて、
　　　　　例えば、1を10にして。

—160—

第4章　分数のわり算

子ども　どの1のこと？
子ども　だから、1ℓを10ℓとして、$\frac{1}{3}$㎡を5㎡にするとわかりやすいということ！
教師　（問題文の数字の上に書き加える）これだとどうかな。
子ども　そうそう。そういうことを言っているの！
教師　これだと式はどうなる？
子ども　10÷5
教師　そうだよね。この10が1、5が$\frac{1}{3}$だから。
子ども　あっ、なるほど。
子ども　そうやってもいいんだ。
教師　もちろん。このように自分のわかりやすい整数に一度直してから考えることもOKなんですよ。「ずるいやり方」なんかじゃなく、「すごい賢いやり方」です。

　ここで、この問題の式が1÷$\frac{1}{3}$になることは確認できました。しかし、子どもはまだ考え続けます。

子ども　私はやっぱり最初はかけ算だと思います。$\frac{1}{3}$の何倍って考えてもいいと思います。
子ども　どうして？
子ども　つまり、□を使えばわかります。
　　　　$\frac{1}{3}$×□＝1
　　　　□＝1÷$\frac{1}{3}$
　　　　□＝3
子ども　□を使うのもあったか。

—161—

第4章　分数のわり算

　何人かの子どもはぱっと明るい表情をしたので理解できたのがわかりました。けれども、あとの何人かはそのままの表情でいます。

教師　まだ、すっきりわからなそうな人がいるみたいだね。じゃあ、線分図では表せるかな。
子ども　やりたい！

　すぐにわかる子どもが前に来ようとしました。私は、「そのままの表情の子ども」のために、まず一人ひとりどこまで書けるのかやってみようと話しました。
　子どもは一度わからないと思ってしまうと、わかるところまで進んでみようと思えなくなることがあります。手を止めたままの子どもたちに、「まず横線は誰でも書けるよね」とか「単位も書けるね」などと一段一段のぼらせて、手を止めないように促してみました。
　すると、そこから$\frac{1}{3}$の部分や1の数字を書きはじめました。しかし、そういう子どもたちが止まってしまうのは、問われているところをどう線分図で表したらいいのかということでした。そういう子どもに「どこまでわかった？」と声をかけました。子どもが「1ℓのところは$\frac{1}{3}$㎡になるところまではわかるんだけど」というように、ここまではわかるけれどここからがわからないということを言葉で言えるようにしました。全員がだいたい書き込んでいるのを確認してから、わかりやすく矢印を使っている子どもを指名して黒板で発表させました。
　子どもは、「どちらも3倍になるから」と発表していました。その子どもの説明から「対応」についての意識が働いているのを感じました。

第4章　分数のわり算

　これは、関数的な見方も含まれていて、比や比例にもつながっていくことだと思います。

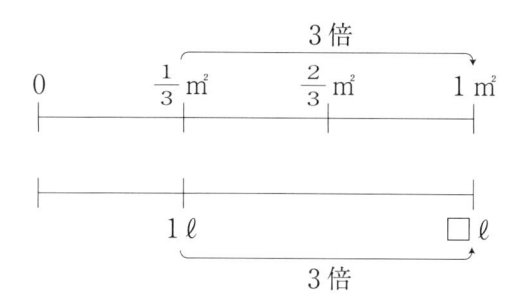

```
              3倍
        ┌──────────────┐
    0   1/3 m²   2/3 m²    1 m²
    ├────┼─────┼─────┤

    ├────┼───────────┤
         1ℓ         □ℓ
         └──────────┘
              3倍
```

子ども　あれっ、でもさ。$\frac{2}{3}$の下のℓが書けないのはどうして？
子ども　だって、今、問題に出ているのはそれじゃないもの。
子ども　もしも、そこまで書いたら、答えがわかっていて線分図を書いているということになるでしょ？
子ども　あっ、そうか。だから「ℓ」の方は中途半端でも仕方ないんだ。

　これで納得できるかなと思っていたら、一人の子どもが手を挙げました。

子ども　でも、線分図からどうして、$1 \div \frac{1}{3}$になるのか見えません。ぼくはまだつながりがわかりません。

　子どもたちは考え込みました。
　私は、この線分図から、包含除を考えて説明すると、子どもがわかるのではないかと考えました。

—163—

第4章　分数のわり算

教師　問題Aを見てごらん。これはいくつ入るかっていう問題。問題Bは等しく分ける。分けたらどうなっているかという問題だということは、授業のはじめに確かめたよね。線分図を見てごらん。1ℓに対応している$\frac{1}{3}$㎡が、1㎡いくつ入るかっていうことを考えるといいんだよね。

子どもに説明をさせずに、私が全面に出て言いました。

子ども　ああ。だから1÷$\frac{1}{3}$でいいんだ。
教師　線分図から見ると、1㎡÷$\frac{1}{3}$㎡っていうことをしているんだよね。

私はここまで説明して、ふとこれでいいのかなと心配になりました。ここは、川嶋先生にお聞きしたいところです。

＊ここで線分図に戻って1㎡は$\frac{1}{3}$㎡が3つ、$\frac{1}{3}$㎡で1ℓだから1㎡では1ℓ×3は3ℓと説明を加えたら、子どもはすぐわかると思います。そこで**面積図**を考えさせて、式　1ℓ÷$\frac{1}{3}$＝1ℓが3つ＝1×3＝1×$\frac{3}{1}$＝3ℓをやるとすっきりします。あるいは「1㎡当たりを出す時はわり算を使います。だから1ℓ÷$\frac{1}{3}$＝1×$\frac{3}{1}$＝3ℓすなわち除数を逆さにして掛ける計算方法を教え、その答え、すなわち3ℓが正しいことを面積図、線分図を使って説明した方がすっきりします。(川嶋)

教師　それにこれがわり算になるという証拠は、問題文から見つけることができるかな。
子ども　分けるって書いてないしな。

—164—

子ども　あれ。ない？

　子どもたちは考え込んでしまいました。そこで、私はとっさに番号をつけてみました。

$\underline{1ℓ}_{①}\underline{で}_{②}\underline{\frac{1}{3}㎡}_{③}\underline{塗れるペンキがあります。}_{④}$
$\underline{1㎡では、}_{⑤}\underline{どれくらいのペンキが}_{⑥}\underline{必要ですか？}_{⑦}$

　この言葉の区切り方はいいとは言えないかもしれませんが、一人の子どもが「消去法でいくぞ」と言い、子どもたちは全く根拠のなさそうな番号をまず先に消していきました。

子ども　まず、③だよな。
子ども　うん。
子ども　④もわり算には関係ないと思う。
子ども　⑦もでしょ。
子ども　どんどん消えるね。

　③・④・⑥・⑦は、こうしてあっという間に消えました。

子ども　じゃあ、①・②・⑤のどれかでしょ。
子ども　数字だけが残ったね。
子ども　でもこの3つの数字のどれかなんて、わかんないよ。
教師　　線分図を見てごらんよ。求めるところはどこになっている？
子ども　□のところ。

第4章　分数のわり算

教師　□に対応しているところがヒントだよ。

子ども　1

教師　1って、今までも大事な数字として何度も扱ってきたよね。どんな時に「1」という数字が大切にされてきたか。

子ども　あっ、わかった。「もと」だ。

子ども　1つ分とかを求めること？

教師　そうそう。1当たりの量を求めることだよ。

子ども　1当たりを求める時は「わり算」。

教師　この文章で「分ける」とか「いくつ分入っているでしょう」とか、わり算のキーワードが書かれていないように思うけれど、1㎡当たりを求めるというところが、わり算と結び付いているんだね。

子ども　でもさ。$1 \div \frac{1}{3}$ は、3になるってどういうやり方でそうなるんだろう。

教師　そうだね。整数÷分数の場合の計算の仕方はまだ一般化していなかったね。図からは「3」という答えが見えてくるけれど。

子ども　式を変形していけばいいんだよ。

教師　じゃあ、みんなで一緒にやってみよう。黒板に先生が書いていくからね。

　子どもたちは次のように式を変化させていきました。みんなで次の式を一つひとつ考えていきます。全員の目は黒板に集中していました。子どもが言う順に私は黒板に書いていきました。

① $1 \div \frac{1}{3}$
↓

② $\dfrac{1}{1} \div \dfrac{1}{3}$ ⎫
↓   ⎬ ？
③ $\dfrac{1}{1} \times \dfrac{3}{1}$ ⎭
↓
④ $\dfrac{1}{1} \times 3$
↓
⑤ 1×3 　　ここまでくると、笑いがおきました。

子ども　「$1 \div \dfrac{1}{3}$」が、五回も変化しておきながら、結局は「1×3」になるなんて、簡単すぎる！

子ども　（爆笑）

　拍子抜けするくらい簡単な式に変化してしまったことに、思わず私も笑ってしまいましたが、授業が横道にそれてしまいました。ねらっていたのは、「割る数が反対になってしまう」ことへの証明でした。②から③への式変化は「どうしてそう発言したのかな？」と心の中で思いながらも、そこで子どもに改めて問いただすことはしませんでした。しかし、①から⑤は、計算の仕方についての意味を考えるのはむずかしいと判断しました。

教師　これだと、面白くても一般化はむずかしいかも。

　そう言って方向を変えようとした時です。

子ども　できるよ。先生！

$$1 \div \frac{1}{3} = 1 \times 3$$
$$= 1 \times \frac{3}{1} \qquad \text{分数のかけ算は習っているから、}$$
$$= \frac{1 \times 3}{1} \qquad \text{ほら、できるでしょ。}$$

だから、分数のわり算の時は、分子でかけ算するといいんだ。

子ども うわ。先生より賢い！

また、ここで笑いがおきました。子どもの頭は柔軟です。私もなるほどと思いました。そして、私は次の部分を書いて、子どもに提示しました。

$$1 \div \frac{1}{3} = \frac{1 \times 3}{1}$$

子ども 分数のわり算の場合もかけ算になるってことだよね。
教師 では、これから一般化できるかな。
子ども $\bigcirc \div \frac{\square}{\triangle} = \frac{\bigcirc \times \triangle}{1 \times \square}$
子ども いいです。

私はこの時、どうして分母に「1」をわざわざ出してくるのかなと思いました。

子ども 他にもあります。
$$\bigcirc \div \frac{\square}{\triangle} = \bigcirc \times \frac{\triangle}{\square}$$
教師 $\bigcirc \div \frac{\square}{\triangle} = \bigcirc \times \frac{\triangle}{\square}$
$= \boxed{\frac{\bigcirc \times \triangle}{\square}}$ この部分を付け足して計算する時は、暗算しないで□の部分も書けるようにしようね。

第4章　分数のわり算

　ここで、前時に発表はしていなかったけれど、分数の中に分数を作って考えようとしていた子どもがいたことを紹介しました。時間も迫っていたので、本人ではなく私が説明をしました。

教師　それからね。Aくんは、分数の分数を作ろうとしていたんだよ。
子ども　分数の分数？
子ども　さすがAくん！
教師　○÷□＝$\frac{○}{□}$というのは5年生の時に習っているよね。
　　　Aくんはこのことを忠実にやりとおそうとしたんだよ。
　　　○＝1　　□＝$\frac{1}{3}$としたんだよ。
　　　つまり、
　　　$1 \div \frac{1}{3} = \frac{1}{\frac{1}{3}}$としたの。

　　　でも分数の中に分数なんて、違和感あるでしょ。その違和感を自分でなんとかできないかなって考えたんだよ。Aくん、このあとどうするといいんだっけ？
子ども　分母になっている$\frac{1}{3}$に3を掛けて、同じように分子にも3を掛ける。
教師　分数の仲間づくりを覚えている？
　　　$\frac{1}{3} \rightarrow \frac{2}{6}$　分母にも2を掛けたら？
子ども　（全員）分子にも2を掛ける。
教師　この場合も同じね。分母の分数を整数にするためには？
子ども　3を掛ける。
子ども　ああ、そうか。

第4章　分数のわり算

教師　$1 \div \dfrac{1}{3} = \dfrac{1 \times 3}{\dfrac{1}{3} \times 3}$ ←この部分を約分すると分母は整数。

　　　　$= \dfrac{1 \times 3}{1}$

子ども　おお！

子ども　でも、先生。本当は分数の分数っていう数があるの？

教師　はい。あります。いつだろうね。高校かな。大学かな。ずっと先の数学で学ぶことができるよ。その時はもっと力も付いていて面白いことができるかも。

子ども　ふぅ〜ん‼

　子どもが納得したところで学習の習熟度を確かめるために、例題を出してみました。ところが、やり方がわからない子どもが3人いるのを見つけました。やはり、計算力は練習をしないと身に付きません。

　そこで、私はもう一度、十分に理解ができなかった子どもがわかりやすいように、「後ろの分数（掛ける数）がひっくり返っている」ことを確かめました。3人はうなずいてOKのサインを出していました。

　また、習熟を確かめるための問題で、

　（問題）　$2 \div \dfrac{3}{5} = \dfrac{2 \times 5}{1 \times 3}$

というように、整数2を$\dfrac{2}{1}$に直す子どもがとても多くいました。多分、

　$2 \div \dfrac{3}{5} = \dfrac{2 \times 5}{3}$

という形にアンバランスなものを感じているようでした。

　この授業を通して、分数のわり算は、単位量当たりの学習が大変重要であると思いました。算数の学習は常に内容が変化しながらも、つながっているのを感じます。

第4章　分数のわり算

　この授業のことを川嶋先生に電話で話し、ファックスを送りました。その30分後に川嶋先生から電話がありました。
　この授業は「失敗」というようなことを告げられました。私はどこがよくないのか見当もつきませんでした。川嶋先生はとても熱心に説明して教えてくださいました。お話を伺っているうちに、次に向かう大事なことは次の（1）と（2）であることがわかりました。

（1）①〜⑤の式変化について
　授業が横道にそれている。③の式が出てきた時点で、掛ける数が反対になることなど学習していないのだから、教師が問わなくてはいけない場面である。ここを通り過ぎてしまっては、数学ではなくなってしまう。この授業では一体何が問われなくてはいけないかを教師は明確にもたなくてはならない。

*教師が「どうして②と③は同じことなのか」を問い、面積図、線分図を使って子どもたちにわからせるところである。(川嶋)

　このように、大切な場面で素通りしてしまうから、上の学年に上がるにつれて数学的な考え方を苦手とする子どもが多くなるのではないか。だからこそ、この場面は重要。教師がしっかりと展開すべき場面だった。

（2）証明に必要なこと
　証明から一般化するのに早すぎる。つまり、一般化されるためには、一つの事例だけからではなく、複数の問題から検証すべきである。

第4章　分数のわり算

〈次の授業での試み〉

　今回の授業だけでは、整数÷分数の計算の仕方が理解できたとは言えない。このことをしっかり証明させるために、$1 \div \frac{2}{3}$の問題をすること。この時、計算はいらないから、まず線分図で考えてごらんと投げかけること。線分図の方が高度に思われるが、線分図は子どもに考えさせて、面積図を先生が教え込む。この場合の面積図は子どもが考え出すにはむずかしいところである。教師の出番。さらに教師は、線分図の考えと面積図のつなげる仕事をする必要がある。

＊この授業が失敗と言ったのはくどいからです。子どもが整数におきかえて考えた時（10÷5）、「1㎡当たりを聞かれた時はわり算」と言ってしまっていいのではないでしょうか。それより$1 \div \frac{1}{3} = 3ℓ$になることの面積図、線分図の方が大事です。（川嶋）

　この電話を受け取り、その夜は何度も面積図を書いて自分も訓練しました。自分の中にこのような視点はなかったことをとても反省しました。失敗の授業でした。

第4章　分数のわり算

（第4時）分数のわり算（整数÷分数）

　びっくりしたことは、「教師が全面に出て教え込む」と川嶋先生に言われたことです。子ども主体と教師主導が反対語のように感じる私には、先生がおっしゃっていることが自分でできるのかどうか不安でした。

　川嶋先生が午前6時に送ってくれたファックスのおかげで、まず今日の授業のことは考えられました。

　もう一度前時の授業内容をやり直し、次に進む。しかし、その時、大事な面積図の書き方を子どもの表情を見ながら教え込む。

　そこで、ABCの3つの問題を連続提示して、訓練をしようと思いました。ところどころ確認のために子どもに問いただしたところはありますが、ほとんど教師主導で授業をしました。

> 問題A　1ℓの水を$\frac{1}{3}$㎡まきます。1㎡では？

わり算→「1㎡では？」とあるように、1当たりの量を求めるから、わり算の計算になる。

では、
$1 \div \frac{1}{3} = \frac{1 \times 3}{1}$　　割る数が逆数になっているのをどう証明するのか。

線分図を書いてみましょう。

「線分図を書けない」と言った子どもが一人いたので、その子どものために次のように順序を教えてあげました。

—173—

第4章　分数のわり算

線分図の書き方

①問題文に2つの単位があるということは、線分図を2本立てにするといい。

②情報が多い単位を見つける。「1㎡」「$\frac{1}{3}$㎡」の2つの情報がある方をまず線分図に書き表す。

③1ℓの水に対応する$\frac{1}{3}$㎡を書きます。

④「1㎡では？」とあるので、1㎡に対応するところに？　となる□を書きます。

わからない子どもだけでなく、わかる子どもも「②はポイントになるね」とノートにメモをしていました。

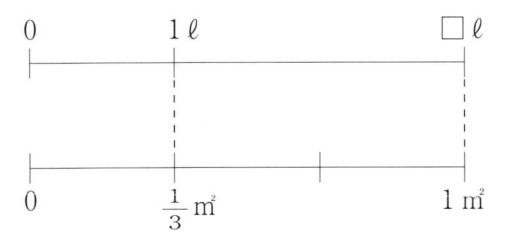

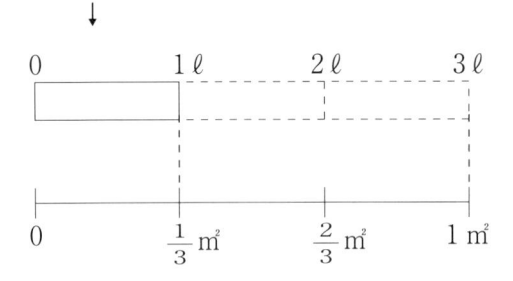

1ℓが3つある　$\underline{1 \times 3}$

↓

$1 \div \frac{1}{3} = 1 \times 3$

第4章　分数のわり算

$$= \frac{1}{1} \times 3$$
$$= \frac{1}{1} \times \frac{3}{1}$$
$$= \frac{1 \times 3}{1}$$
これで「割る数が逆数になっている」ことがわかった。

> 問題B　3ℓの水を$\frac{2}{3}$㎡まきます。1㎡では？

教師　この問題も同じだよね。「1㎡では？」とあるように、1当たりの量を求めるからわり算の計算になるよね。

線分図で答えを求めてみることにしました。
①から④の手順でもう一度説明しながら書かせました。

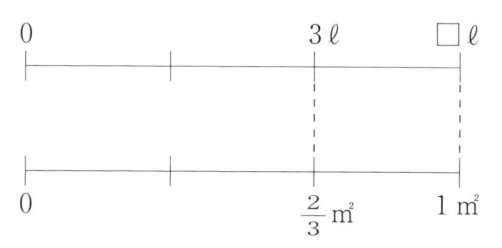

「①から④のおかげですぐに書けた！」と前に座っていた男の子が言いました。

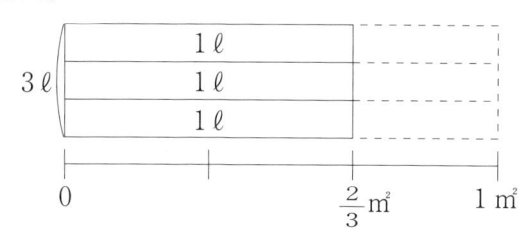

教師　面積図をつけるとこうなりますよね。

—175—

第4章　分数のわり算

点線部分までの1㎡を出すには、$\frac{1}{3}$㎡分をまず出さないと求められないということになります。

↓

3ℓ÷2で$\frac{1}{3}$㎡当たりの量が出ますね。

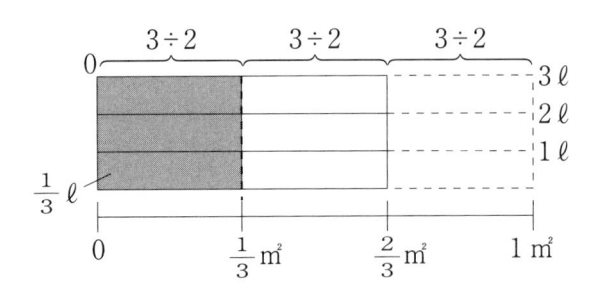

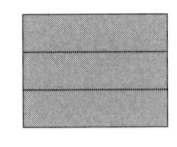

の部分は$\frac{3}{2}$ℓになる。

これが3つあることなので、

$\frac{3}{2}$ℓ + $\frac{3}{2}$ℓ + $\frac{3}{2}$ℓ = $\frac{3}{2}$ × 3 = $\frac{3 \times 3}{2}$ ℓ

で$\frac{2}{3}$が逆数になって掛けられている。

3ℓを半分にするところから式にして分数に表す。

$\underbrace{3 \div 2}_{\text{分数に直す}} \times 3 = \frac{3}{2} \times 3$

　　　　　= $\frac{3 \times 3}{2}$　　$\frac{2}{3}$が逆数になって掛けられている。

> 問題C　5ℓの水を$\frac{2}{3}$㎡まきます。1㎡では？

この問題では、子どもたちに、

　　式→線分図→線分図＆面積図→つなげ・証明

—176—

第4章　分数のわり算

の順にこの問題を考えてみなさいね、と話しました。線分図はかなり書けるようになったようでした。

$$5 \div \frac{2}{3} = 5 \times \frac{3}{2}$$
$$= \frac{5 \times 3}{2}$$ →割る数が逆数になることを確かめる

（線分図）

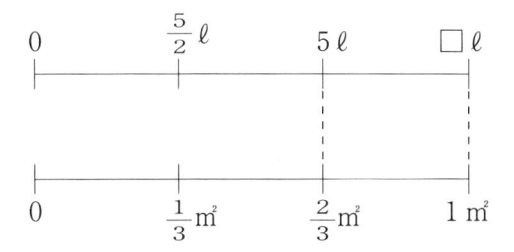

（線分図＆面積図）

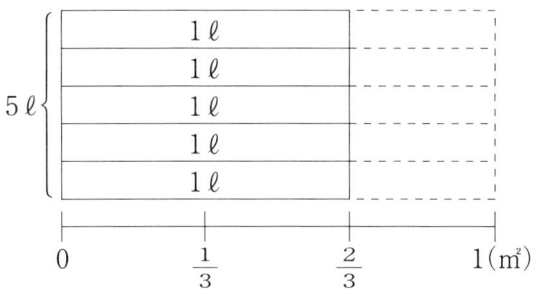

$\frac{1}{3}$ の量がわかれば3倍して1㎡が求められる。
↓

第4章　分数のわり算

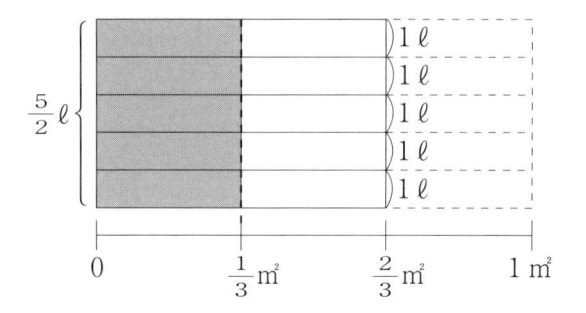

斜線部分は5ℓを半分にしたものだから、$\frac{5}{2}$ℓになる。
$\frac{5}{2} \times 3 = \frac{5 \times 3}{2}$
5ℓ÷2（半分）×3＝$\frac{5}{2} \times 3 = \frac{5 \times 3}{2}$　$\frac{2}{3}$が逆数になって掛けられている。

　子どもたちは真剣に聞き、うなずきながらノートにまとめていました。
　やはり、証明は一つのことから導くのではなく、複数のことから見い出すことの大切さを改めて感じました。
　また、「意味はわかるけど。でも、先生、結局はやり方がわかればいい」と言っていた塾通いの子どもがいました。能力が高い子どもです。その子どもはこの授業のあとに出した宿題をわざわざ見せに来てくれました。私は、説明不足になっているところを教えてあげましたが、図やつなげがしっかりできていました。ノートを見せに来た表情はとてもすっきりしていました。川嶋先生に電話でこのことを話すと、「どうしてこうなるのかというところから証明までの論理の美しさを感じたからですよ」と話してくださいました。私は川嶋先生が言った「論理の美しさ」という言葉が美しいと思い、その言葉に感動しました。
　川嶋先生は、子どもの頃から算数・数学の学習においてどうしてこう

第4章　分数のわり算

なるのかということをずっと疑問を思いながら教師になられたそうです。そして、教師になって、子どもと一緒に「どうして」を紐解き、自分も子どももわかる授業を積み重ねてきたということでした。そのお話からも、自分の疑問をずっと消さずに持ち続け、真理を目指す川嶋先生の姿勢を感じました。

　私は、子ども主体と言いながら、子ども任せになっていたのだと思います。前時の2時間の授業は、自分ではそんなに悪くない授業と思っていたのですが、この授業と川嶋先生のお話で、自分のどういうところが授業のまずさにつながるのかがわかってきました。「教えるところは教える」「考えさせるところは考えさせる」この部分を教師がしっかり見定めることができるのかどうかが大きな鍵です。

　分数のわり算が、分数のたし算・ひき算・かけ算よりも複雑になることがよくわかりました。そして、私自身も今までとは違う分数の世界を見たような気持ちになりました。

〈川嶋コメント〉

　やっとすっきりしました。やっぱり教師の出番も大切です。面積図でしっかり子どもはわかったと思います。線分図もやってください。面積図よりむずかしいです。

　例えば、$3\ell \div \frac{2}{3}$㎡だったら、

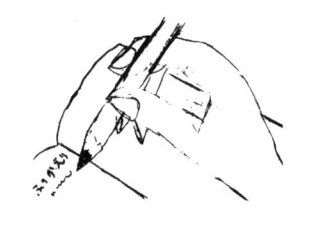

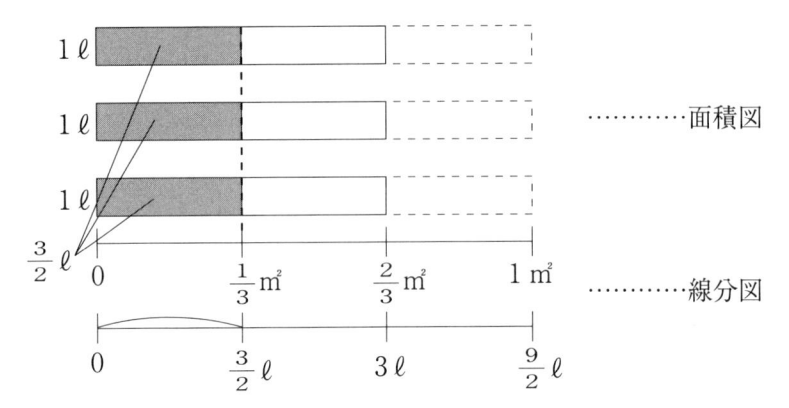

第4章 分数のわり算

面積図と線分図がつながります。

$\frac{1}{3}$㎡において、$\frac{3}{2}$ℓだから、$\frac{3}{3}$㎡（1㎡）では、それが3つで$\frac{3}{2}$ℓ×3＝$\frac{3×3}{2}$＝$\frac{9}{2}$ℓとなります。

これが3ℓ÷$\frac{2}{3}$＝$\frac{3×3}{2}$＝$\frac{9}{2}$ℓの計算につながります。

式では、

3ℓ÷$\frac{2}{3}$㎡＝3ℓ÷2×3

となります。

$\frac{2}{3}$ℓ÷$\frac{3}{5}$㎡を考えてみてください。

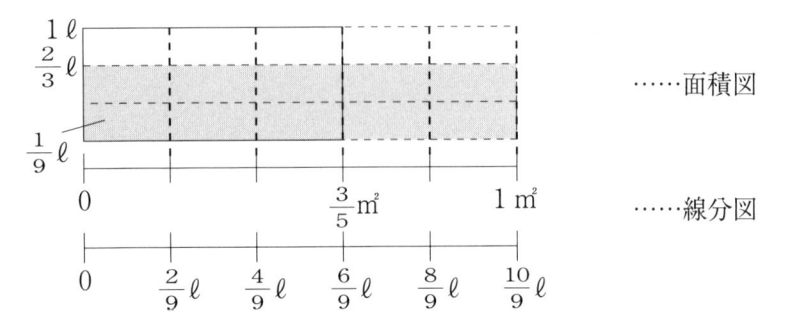

―180―

第4章　分数のわり算

$\frac{1}{9}\ell$ が10こで $\frac{10}{9}\ell$

$\frac{2}{3}\ell \div \frac{3}{5} = \frac{2 \times 5}{3 \times 3} = \frac{10}{9}\ell$

面積図、線分図、計算につながります。

第4章　分数のわり算

（第5時）分数÷分数（単位分数÷単位分数）

　この頃になるとほぼ全員が図を書いて考えることができるようになっていました。「ほぼ」というのは、やはり、子どもたちの中には、途中までは書けて途中から書けないという子どもがまだいるということです。しかし、授業の中で仲間の意見を聞くことにより、必ず理解して授業を終われるようになってきてはいました。授業が3つ4つと重なってからようやく子どもたちの成長が見えてくることがあります。11月に入ってから、子どもたちが、お互いに関わりながら学んでいく力がついているのを感じます。

　分数のわり算における大きな問題は、面積図であるように思います。分数のわり算に入ってからは、線分図と面積図を組み合わせて「線分面積図」として考えることが多くなりました。子どもたちの中には「かけ算より迷うことが多い」という感想もあったので、単位分数同士の分数のわり算で考えることにより、図の何が式のどこにつながって、どうしてこうなるのかということをはっきりさせたいと思いました。そのために、更に自分たちの予想をもち、式・図・意味のつながりを考えながら検証していくように試みました。

> 問題　$\frac{1}{2}$ℓの水を$\frac{1}{3}$㎡にまきます。
> 　　　1㎡では何ℓ必要でしょうか。

　子どもたちは問題を声を合わせて読みました。そして、すぐに問題について話しはじめました。

第4章　分数のわり算

子ども　1㎡当たりを求めるということだから、単位量当たりを求めること。だから、これはわり算でいいですよね。

子ども　式は簡単でしょ。

教師　2とおり考えられるよね。$\frac{1}{2}÷\frac{1}{3}$というのと、$\frac{1}{3}÷\frac{1}{2}$という式。迷ったらどうしようね。

子ども　Aくん方式でいけばいいと思います。ほら、分数を整数におきかえて考えるというやり方！

子ども　ぼくのやり方？

子ども　だから、例えば、「4ℓの水を2㎡にまきます。1㎡では何ℓ必要でしょうか」と考えるやり方。自分で言ったのに忘れたの？

子ども　ああ。思い出した！　4÷2と考えるから……。4は$\frac{1}{2}$のことで、2は$\frac{1}{3}$のことと考えるから、$\frac{1}{2}÷\frac{1}{3}$でいいんだ。

子ども　式はこれでいいよね。

教師　今日はこの前とどんなところが違う問題かな？

子ども　わり算というのは同じ。前までは整数と分数・分数と整数だったけれど、今度は分数÷分数。

子ども　むずかしくなりそう……。

子ども　でも、同じじゃない？　面積図とか書けば、できると思う。

教師　式は「$\frac{1}{2}÷\frac{1}{3}$」でいいね。分数÷分数の計算のやり方の予想はできるかな？

子ども　今までのやり方からだと、やっぱりどちらか片方をひっくり返すと思う。

子ども　後ろの方をひっくり返すんじゃない？

教師　ひっくり返すってどういうこと？

第4章　分数のわり算

子ども　逆数にしてかけ算をすること。
教師　予想としては、2つの数のうち、どちらを逆数にすると思うのかな。
子ども　後ろの数。
子ども　後ろの数というより、「割る数」でしょ。
$\frac{△}{□} ÷ \frac{☆}{○} = \frac{△ × ○}{□ × ☆}$
というようになること。
教師　つまり、今の問題だと、
$\frac{1}{2} ÷ \frac{1}{3} = \frac{1 × 3}{2 × 1}$ ということになると予想しているのかな。
子ども　そうそう。
教師　じゃあ、本当に自分たちの予想がそうなるのか確かめてみて。
子ども　みんな、図を書いてやってみよう。
子ども　線分図・面積図のどちらかでもいい？
子ども　自分がやれると思った方で、まず、やってみよう。

　子どもたちは黙々と取り組みはじめました。7分くらい経ってから、発表の時間にしました。

子ども　私は途中からわからなくなったことがあります。線分図で書いたんだけど……。

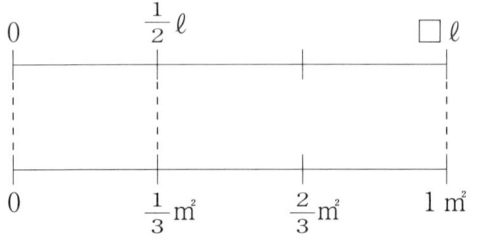

```
0          1/2 ℓ              □ℓ
|-----------|----------|----------|

0          1/3 ㎡     2/3 ㎡    1 ㎡
```

ここまで書きましたが、逆数になることをこの図から証明するの

—184—

第4章　分数のわり算

はむずかしくて、わからないので、誰か続いてください。
子ども　この図から見ると、$\frac{1}{2}\ell$が3倍あればいいということだから、結局、$\frac{1}{2}\ell×3$ということだよね。
子ども　$\frac{1}{2}÷\frac{1}{3}=\frac{1}{2}×3$
　　　　分数のかけ算のやり方を使って3を$\frac{3}{1}$と考えて、
　　　　　　　$=\frac{1×3}{2(×1)}$
　　　　だから、分数同士のわり算もやっぱり逆数になるっていうことになります。
子ども　面積図からは？
子ども　線分面積図なんだけど、$\frac{1}{2}×3$になるということです。

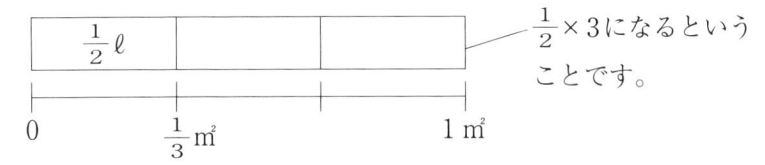

＊線分面積図、すごい言葉を発見しましたね。まさに線分図と面積図の合作です。（川嶋）

子ども　わかった。かけ算の考え方とつなげるとわかりやすいんだ。
教師　面積図でもBさんの書き方は違うよ。Bさん、書いてもらっていいかな。
子ども　私は、前の学習で習った1ℓを作って書く図にしました。

第4章　分数のわり算

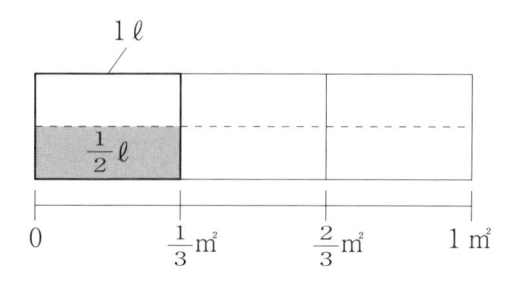

太い枠は1ℓです。$\frac{1}{2}$ℓは半分なので、1ℓ÷2となります。それが3個分あるので、1ℓ÷2×3個ということになります。式で表すと1

$$1 \div 2 \times 3 = \frac{1}{2} \times 3$$
$$= \frac{1}{2} \times \frac{3}{1}$$
$$= \boxed{\frac{1 \times 3}{2 \times 1}}$$

この部分は、私たちが予想したやり方につながります。

教師　1ℓを半分にしたものが$\frac{1}{2}$ℓだということが図からもよくわかるね。よくこの図を書けましたね。説明もとてもうまくなりましたよ。分数÷分数は、割る数を逆数にすると計算できそうだね。この次の時間で単位分数でない分数同士の問題を出すから、みんなの予想がそこでも大丈夫かどうか確かめようね。

　私はそう授業をまとめようとしました。ところが、そこで一人の男の子が挙手をしました。

子ども　先生。ぼくは図でなく、「分数の分数」で考えたのですが。分数を整数みたいに、ひとまとまりにするやり方です。

第4章　分数のわり算

A÷B＝$\frac{A}{B}$になりますよね。Aを$\frac{1}{2}$、Bを$\frac{1}{3}$と考えます。そうすると、

$$\frac{1}{2} \div \frac{1}{3} = \frac{\frac{1}{2}}{\frac{1}{3}}$$

分数をなくすために2と3の最小公倍数1と6を掛けます。

$$= \frac{\frac{1}{2} \times 6^3}{\frac{1}{3} \times 6^2}$$

$$= \boxed{\frac{1 \times 3}{2 \times 1}}$$

ぼくたちが予想したやり方にちゃんとなっています。

子ども　すごい。面白い。

教師　Cくんは分数を分数にして考えることが得意ですね。これでもしっかり証明ができていますね。単位分数でない時も成立するか、この次の時間が楽しみですね。

　授業の終わりに、子どもたちは「結論」として、「だから分数÷分数の計算は割る数を逆数にして掛けると答えが出る」とノートにまとめました。
　前に川嶋先生が、「何かを証明する時は一つから結論を出すのではなく、複数のいろんな場合で検証することが大切」ということをおっしゃってくださっていたので、そのことを頭に置いて授業をしました。
　川嶋先生にお聞きしたいところは、「分数の分数」にして考えるやり方が授業の最後に出ているところと、図と式のつなげがこれでいいのか

どうかということです。

〈川嶋コメント〉

コメント１
　すごくわかりやすい授業でしたね。先生も子どもも成長したのがよくわかります。教師が「１ℓを半分にしたものが$\frac{1}{2}$ℓだということが図からもよくわかるね。」と言ったところでは、牛乳パックを横にして使うことを説明できるとよかったですね。

コメント２
　「川嶋先生にお聞きしたいところは、「分数の分数」にして考えるやり方が授業の最後に出ているところと、図と式のつなげがこれでいいのかどうかということです。」とありますが、これについてはOKです。

コメント３
　授業の次の部分で教師は感動しましたか？　すごい発見ですね。心から子どもの姿に感動できる教師になりたいですね。

　子ども　私は途中からわからなくなったことがあります。線分図で
　　　　　書いたんだけど……。

第4章　分数のわり算

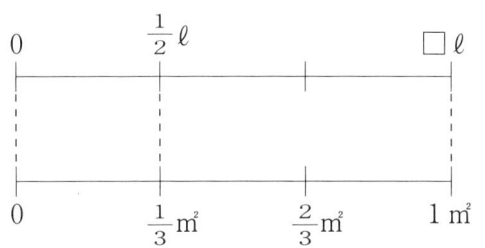

```
0          1/2 ℓ              □ℓ
|-----------|---------|---------|
|-----------|---------|---------|
0          1/3 m²    2/3 m²    1 m²
```

ここまで書きましたが、逆数になることをこの図から証明するのはむずかしくて、わからないので、誰か続いてください。

子ども　この図から見ると、$\frac{1}{2}$ℓが3倍あればいいということだから、結局、$\frac{1}{2}$ℓ×3ということだよね。

子ども　$\frac{1}{2} \div \frac{1}{3} = \frac{1}{2} \times 3$

分数のかけ算のやり方を使って3を$\frac{3}{1}$と考えて

$$= \frac{1 \times 3}{2(\times 1)}$$

だから、分数同士のわり算もやっぱり逆数になるっていうことになります。

（第6時）分数のわり算（分数÷分数）

> 問題　$\frac{2}{3}\ell$の水を$\frac{3}{5}$㎡にまきます。
> 1㎡だと何ℓ必要でしょうか。

　この問題を書いた時、子どもたちに「先生って水の問題が好きだよね」「ずっと問題の単位が同じだよね」と言われました。教科書でもペンキと塗られる面積の問題になっています。算数から数学の世界に入っていくのには、自分の中ではこの単位が子どもにとってよりよいのかなと思います。

　子どもたちは、「1㎡」→1当たりの量を求める→単位量当たり→わり算ということを確かめてから立式に入りました。

（式）　$\frac{2}{3} \div \frac{3}{5} = \frac{2 \times 5}{3 \times 3}$
$= \frac{10}{9}$　（答え）$\frac{10}{9}\ell$

おそらくこうなるだろうということで授業が進みました。

　子どもたちは$\boxed{\frac{2 \times 5}{3 \times 3}}$の部分に注目して、なぜこうなるのかを確かめはじめました。線分図の子ども。面積図の子ども。自分の取り組みたい図に向かっていました。

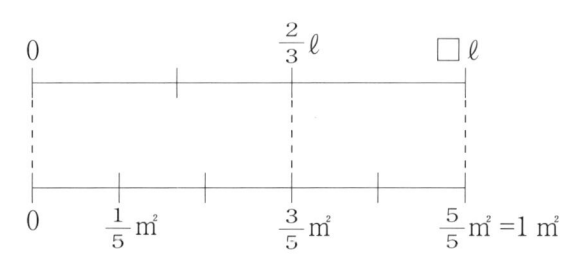

—190—

第4章　分数のわり算

　前時は、単位分数当たりの数が線分図を見てわかりました。しかし、今回の問題は線分図からわかりません。子どもたちの表情は曇ったままです。

子ども　$\frac{2}{3}$と$\frac{3}{5}$が対応するんだよね。
子ども　だけど、$\frac{1}{5}$㎡当たり何ℓなのかわからないよね。
子ども　何を割れば出てくるんだ？
子ども　1を5で割る？
子ども　それじゃあ、ただ$\frac{1}{5}$を出しただけでしょ。
子ども　ああ。そうか。
子ども　$\frac{2}{3}$を5で割る？
教師　この線分図は答えについて大きなヒントをくれているよ。見てぱっとわかることがちゃんとありますよ。

　そう言って私は「$\frac{2}{3}$」を挟んで、←と→の矢印を付け足しました。

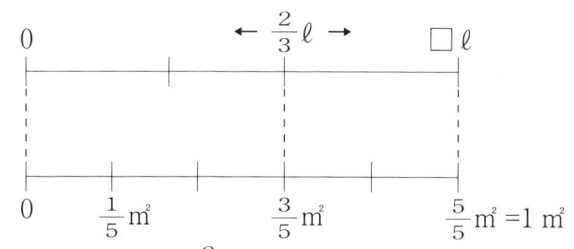

子ども　あっ。答えは$\frac{2}{3}$ℓより大きくなる。
教師　そうだね。図を書くことでヒントは必ず見えてきますよ。
子ども　もしも、みんなでやっていくうちに$\frac{2}{3}$より小さい答えが出たら違うってことを確かめられるんだね。
子ども　面積図を書いた人いない？　面積図だと何かわかるかもよ。

第4章　分数のわり算

子ども　1ℓからの図で、合っているかどうかわかりませんが……。

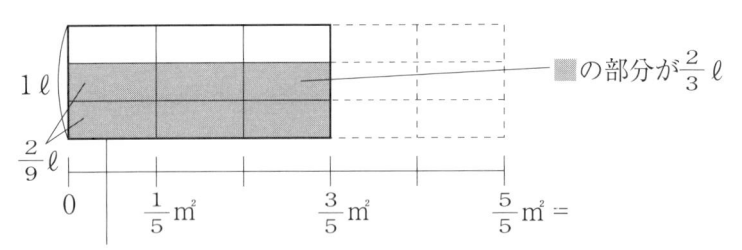

■の部分が$\frac{2}{3}$ℓ

太く囲まれているところが1ℓです。
$\frac{1}{5}$㎡で$\frac{2}{9}$ℓ　1㎡（$\frac{5}{5}$㎡）では$\frac{2}{9}$ℓ×5＝$\frac{10}{9}$ℓ
マスを見て考えると求める1㎡の水量は点線の部分まで延長して、$\frac{2×5}{3×3}$になります。

　子どもたちはこの図で納得したようでした。しかし、私は子どもたちに問いました。

教師　どうして？　マスは全部で3×3なの？　3×5の15に見える人いない？　そう思っている人いない？
子ども　だって先生。答えは$\frac{2}{3}$より大きくなることがわかっているでしょ。だから、もしも先生が言う通りに分母を3×5で考えちゃうと、$\frac{10}{15}$ℓで、$\frac{2}{3}$ℓより小さくなってしまって、間違いになるよ。
子ども　それに、1ℓから考えていることだから、太く囲まれているところは3×3

＊ここで線分図と面積図をつなげる線分面積図を作るとよかったですね。そうすれば$\frac{1}{5}$㎡当たり何ℓなのかわからないと言った子どもの意見を取り上げられました。（$\frac{1}{5}$㎡は$\frac{2}{9}$ℓ）（川嶋）

第4章　分数のわり算

　私はこれで大丈夫かなと少し心配になりましたが、子どもたちは、分数÷分数のやり方は単位分数でなくても、割る数が逆数になり、計算の仕方がかけ算とは違うことを確かめました。
　川嶋先生がおっしゃるとおり、線分図はむずかしいと思いました。
　次に書いてある川嶋先生のコメントにあるような図を川嶋先生がお考えになっていることに驚きました。分数のわり算がこんなに深い世界にあることをはじめて知りました。

〈川嶋コメント〉

コメント1

　論理的に発展しない教師の発問がありました。
　このように教師が発問したのでは授業の方向が変わってしまいます。

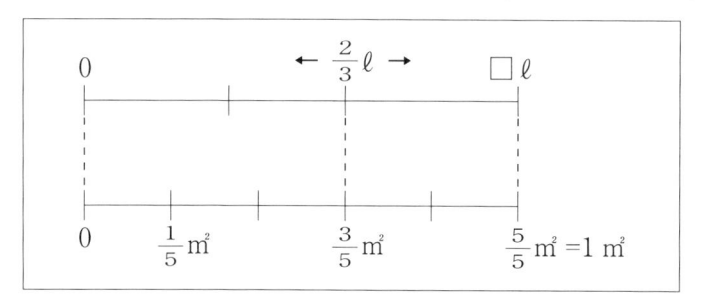

```
    0           ← 2/3 ℓ →    □ ℓ
    |-----|------|------|------|
    |     |      |      |      |
    0    1/5 m²  3/5 m²        5/5 m²=1 m²
```

コメント2

　では、どのように展開したらよいでしょうか。私だったら、子どもがここまで考える子どもになってきたのですから、教師はこれを整理し、深めてやればよいのです。例えば、「$\frac{1}{5}$ m²当たり何 ℓ なのかわからない

第4章　分数のわり算

よね」を取り上げ、$\frac{1}{5}$㎡当たりの水の量を考えさせます。

> 子ども　だけど、$\frac{1}{5}$㎡当たり何ℓなのかわからないよね。
> 子ども　何を割れば出てくるんだ？
> 子ども　1を5で割る？
> 子ども　それじゃあ、ただ$\frac{1}{5}$を出しただけでしょ。
> 子ども　ああ、そうか。
> 子ども　$\frac{2}{3}$を5で割る？

$\frac{3}{5}$㎡で$\frac{2}{3}$ℓだから、

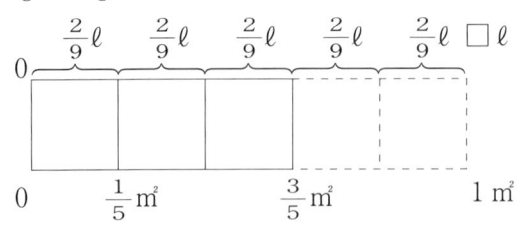

$\frac{1}{5}$㎡では$\frac{2}{3}$ℓ ÷ 3 = $\frac{2}{9}$ℓ
1㎡では、それが5つ分だから、$\frac{2}{9}$ℓ × 5 = $\frac{10}{9}$ℓ
すなわち、$\frac{2}{3}$ ÷ 3 × 5 = $\frac{2}{3} \times \frac{5}{3}$
　　　　　　　　　　　　　　　 = $\frac{10}{9}$

と、子どもの説明を納得させるべきです。その方が論理的です。ここが教師の出番で指導です。

コメント3

　子どもたちにもっと詳しく説明すべきところがありました。線分図と面積図のつなげです。

第4章　分数のわり算

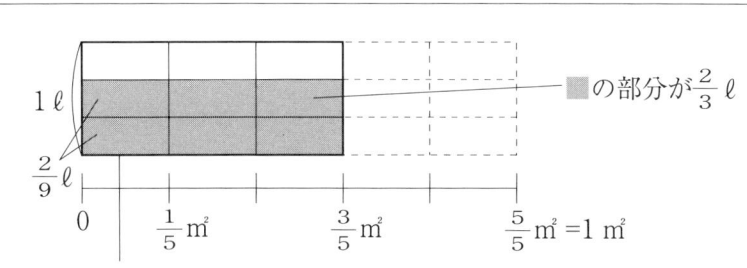

太く囲まれているところが1ℓです。

$\frac{1}{5}$㎡で$\frac{2}{9}$ℓ　1㎡（$\frac{5}{5}$㎡）では$\frac{2}{9}$ℓ×5＝$\frac{10}{9}$ℓ

マスを見て考えると求める1㎡の水量は点線の部分まで延長して、$\boxed{\frac{2\times 5}{3\times 3}}$になります。

この式を$\frac{1}{5}$㎡で$\frac{2}{9}$ℓ　1㎡（$\frac{5}{5}$㎡）では$\frac{2}{9}$ℓ×5＝$\frac{10}{9}$ℓの式につなげて説明することが大切です。例えば、

> $\frac{1}{5}$㎡では、$\frac{2}{3}$ℓ÷3＝$\frac{2}{9}$ℓ。
> 1㎡は$\frac{1}{5}$㎡が5個だから、$\frac{2}{9}$ℓが5こ。
> すなわち、$\frac{2}{9}$×5＝$\frac{10}{9}$（ℓ）

のように。

こうすれば、面積図でもしっかり説明できるし、その上、線分図でも面積図でも同じことを言っていることがわかります。

コメント4

コメント2の発展として、

①　$\frac{3}{4}$ℓ÷$\frac{3}{7}$㎡だと、

第4章　分数のわり算

太線で囲まれた部分1ℓ、■部分が$\frac{3}{4}$ℓ

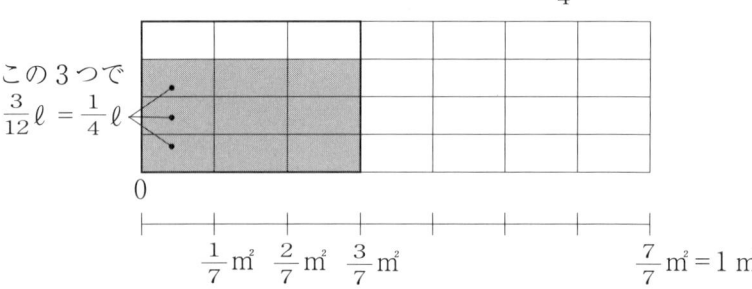

この3つで
$\frac{3}{12}ℓ = \frac{1}{4}ℓ$

$\frac{1}{7}$㎡　$\frac{2}{7}$㎡　$\frac{3}{7}$㎡　　　　$\frac{7}{7}$㎡ = 1㎡

$\frac{1}{4}$が、7個だから、$\frac{1}{4}ℓ \times 7 = \frac{7}{4}ℓ$
すなわち、$\frac{3}{4}ℓ \div \frac{3}{7} = \frac{3}{4}ℓ \div 3 \times 7$
$= \frac{3}{4}ℓ \times \frac{7}{3}$
$= \frac{21}{12}ℓ$
$= \frac{7}{4}ℓ$

② $\frac{3}{4}ℓ \div \frac{5}{7}$㎡だと
$\frac{3}{20}ℓ \times 5 = \frac{15}{20}ℓ$
$= \frac{3}{4}ℓ$

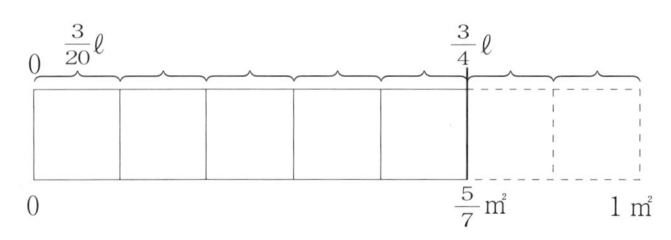

0　$\frac{3}{20}ℓ$　　　　　　　$\frac{3}{4}ℓ$

0　　　　　　　　　　$\frac{5}{7}$㎡　　1㎡

$\frac{5}{7}$㎡で、$\frac{3}{4}ℓ$だから、$\frac{1}{7}$㎡では、$\frac{3}{4}ℓ \div 5 = \frac{3}{20}ℓ$

第4章　分数のわり算

$\frac{3}{20}\ell$ の7つ分は、$\frac{3}{20}\ell \times 7 = \frac{21}{20}\ell$

コメント５

　線分図、面積図と理解すれば、計算に結び付きます。こうして子どもたちは、どんな方法をとっても原理原則は同じ"分数のわり算は割る数を逆にして掛ける"ということを理解していくのです。

コメント６

　線分図を先に取り上げないで、より具体に近い面積図を先にやり、次に線分図→計算にいった方がわかりやすいですね。

　　　面積図〜線分図〜計算へ

これが、算数から数学の世界に入っていくことだと思います。

子どものふり返り

○私にとって「意味を考える」ということが、学習の中で最大に感じました。

○いつも誰かの力を借りていたけれど、思ったよりできるようになり、自分に力がついたんだなと思った。普段の生活にもつながることです。

○今まで意味を考えないで覚えていたやり方は、あまり得をしないことがわかりました。やり方だけでなく、ちゃんと意味をわかることが大切なことだとわかりました。

○自分に合った説明の仕方を発見できた。

○みんなから何度も教えてもらって、やっと自分の力でできるようになった図のことが心に残っています。

○そのまま計算するだけでは理解できない場合は、簡単な図を書けばいいということがわかりました。
○「整数をつかう分数の計算」の時は面積図。「分数同士の計算」の時は線分図の方が私にとってはわかりやすかった。計算の種類によってわかりやすい図というものがあるということもわかった。
○分数同士のわり算の学習の時に、新しい図に名前をつけて(線分面積図)、図を発表し合ったり、考えを言い合ったりしたことが印象に残った。
○私たちがそれまでやってきた「かけ算の面積図」の考え方では表せなくなった時、先生が教えてくれた「線分面積図」を使ったら、簡単にできました。
○ぼくがこの学習の中で一番印象に残っているのは、先生が一生懸命教えてくれた「線分面積図」です。
○分数のわり算は、説明が一番むずかしい学習でした。だけど、「線分面積図」は「なぜ逆数にするのか」ということを一番説明しやすい方法でした。
○線分面積図を先生があの時、教えてくださって、私が進歩したような気がします。私はあの時、大切な間違いをしましたが、先生が何気なく私の支えをしてくれて、教えてくれたことにとても感謝しています。
○式と線分図がつながった時、逆数になるいきさつがよくわかりました。
○図と式をつなげて考えることで「関連」「意味」ということを確かめられることや、証明することの楽しさを感じられた。
○線分面積図から新しい式が生まれたり、式の意味が図から生まれた

第4章　分数のわり算

りするということに感動した。
○証明をすることによって、1つの式から、まるでたくさんの子どもが生まれてくるような、新たな発見がありました。この授業の全部が私のお宝になりました。

おわりに

　椎名美穂子さんとの出会いは、平成18年2月に行われた、秋田大学教育文化学部附属小学校公開研究協議会での研究授業（4年生・面積）の時です。その時の授業は、

> 問題　8円のガムと3円のガムを合わせて10こ買いました。代金は合わせて65円です。それぞれいくつ買ったでしょうか。
> 　　8円のガムの個数
> 　　3円のガムの個数

からはじまりました。

　私は参観している間じゅう、自分の小学生時代のことを考えていました。小学校の時の授業では、確かこの問題を次のように解いていました。

8円のガム	1こ 8円	2こ 16円	3こ 24円	4こ 32円	5こ 40円	6こ 48円	7こ 56円
3円のガム	9こ 27円	8こ 24円	7こ 21円	6こ 18円	5こ 15円	4こ 12円	3こ 9円
合計	35円	40円	45円	60円	55円	60円	65円

　このようにして答えは求められましたが、当時私は「もっと数字が大きい場合はどうするの、どんな場合でもできる方法はないのか」とずっ

と思い続けていたのでした。

　私が算数の授業に疑問を持ち出したのは、この時からです。ところが中学になって代数を学んだ時のことです。連立方程式を使えば簡単に解けるのです。

```
8円のガムをX    X + Y = 10………①
3円のガムをY    8X + 3Y = 65……②
                X = 10 − Y
        これを②に代入
            8(10 − Y) + 3Y = 65
A  8円のガム7こ    80 − 8Y + 3Y = 65
                    80 − 5Y = 65
    3円のガム3こ    80 − 65 = 5Y
                    5Y = 15
                    Y = 3
                    X = 10 − 3 = 7
```

　この計算を知った私は、大喜びでどんな問題でも解いてみました。問題を解く一つのパターンをマスターしたのです。小学校の「つるかめ算」はこんなにも簡単だったのかと思ったこの時の私は、代入ってどんな意味があるのかということなど考えてもみませんでした。一次方程式、二次方程式、連立方程式、微分、積分までパターンに当てはめて問題を解くことに夢中だった私は、「数学ってパターンに当て込むだけで意味はわかったようでわからない」と思いながら、テストの点のみを気にしていました。

代入って？　微分するって？　積分するって？　と疑問を持ち出したのは、教師になってからです。

　「代入って何だろう？」この私の疑問を解いてくれたのが椎名さんの授業でした。椎名さんの授業はXの代わりに□、Yの△を使い面積図から解きあかしているのです。この時、はじめて自分の中で連立方程式（数学）と、つるかめ算（算数）の合体ができたのです。
　椎名さんにお願いしたら、「分数のわり算は、割る数を逆さに掛けるとは、どういうことか。子どもたちが納得するのにはどう教えたらよいか」等々、ずっと私が思っていた疑問を解き明かす授業をしてくれるのではないかと思ったのです。
　椎名さんが6年生を担任すると聞くや、早速、「分数のたし算、ひき算、かけ算、わり算」をとおして、授業をしてほしい。それについて、私がコメントをし続ける、と話しました。そして東京と秋田との連絡し合いが4月から11月まで続きました。これはその記録です。
　「そんなの授業じゃないよ」「教材の研究が不十分」などと私に言われ、時には迷ったり、時には発見し喜んだりしながら続けた授業の記録です。終わってみて、椎名さんのやる気十分な教師としての姿にただおどろくばかりです。後半になるほど、確実に授業がよくなっていることは、この授業記録を読んでいただければわかると思います。私のコメントを快く受け、真剣に授業に取り組んでくれた椎名さん、ほんとうにご苦労さまでした。
　　　2007年1月5日

　　　　　　　　　　　　　　　　　　　　　　　　　川嶋　環

〈著者紹介〉
川嶋　環（かわしま　たまき）
1933年、群馬県に生まれる。
1956年3月　群馬大学学芸学部卒業。
同年4月、群馬県島小学校（学校長　斎藤喜博）に赴任。
1965年3月、同校退職。同年4月より新宿区立四谷第三小学校、三鷹市立高山小学校、三鷹市立第一小学校に勤務。
1994年3月、定年退職。
1994年4月より10年間立教大学非常勤講師他。

椎名美穂子（しいな　みほこ）
1968年、秋田県秋田市に生まれる。
1991年3月　秋田大学教育学部数学科卒業。
同年4月より本荘市新山小学校、鹿角市立花輪小学校を経て、現在、秋田大学教育文化学部附属小学校教諭。

算数から数学の世界へ　―小学校6年の飛躍―

2007年2月20日　初版第1刷発行

著　者	川　嶋　　環
	椎　名　美　穂　子
発行者	斎　藤　草　子
発行所	一　莖　書　房

〒173-0001　東京都板橋区本町 37-1
　　　　　　　電話 03-3962-1354
　　　　　　　FAX 03-3962-4310

組版／四月社　印刷・製本／モリモト印刷
ISBN978-4-87074-146-6 C0037